# 想改变世界的你如何不被改变

女生○

○李玲/著

河北科学技术出版社
·石家庄·

## 声明

本书所引用案例均已获得当事人同意，所有人名都是化名。

---

**图书在版编目（CIP）数据**

想改变世界的你如何不被改变. 女生 / 李玲著. -- 石家庄：河北科学技术出版社，2022.9
ISBN 978-7-5717-1220-4

Ⅰ.①想… Ⅱ.①李… Ⅲ.①女性－青春期－心理健康－健康教育 Ⅳ.①G444

中国版本图书馆CIP数据核字（2022）第144459号

**想改变世界的你如何不被改变·女生**
XIANG GAIBIAN SHIJIE DE NI RUHE BU BEI GAIBIAN NVSHENG

李 玲 著

| | |
|---|---|
| 选题策划 | 小萌童书/瓜豆星球 |
| 责任编辑 | 李 虎 |
| 特约编辑 | 崔 薇 徐艳硕 |
| 美术编辑 | 张 帆 |
| 装帧设计 | 瓜豆星球 |
| 出　版 | 河北科学技术出版社 |
| 地　址 | 石家庄市友谊北大街330号（邮编：050061） |
| 印　刷 | 三河市国新印装有限公司 |
| 经　销 | 全国新华书店 |
| 开　本 | 787mm×1092mm　1/32 |
| 印　张 | 7 |
| 字　数 | 150千字 |
| 版　次 | 2022年9月第1版 |
| 印　次 | 2022年9月第1次印刷 |
| 定　价 | 38.00元 |

版权所有　侵权必究
如发现图书印装质量问题，请与我们联系免费调换。客服电话：010-56421544

# 前言

你是否经常怅然若失于自己没有那么优秀；渴望实现梦想，却又常常迷失于我到底是谁？渴望标新立异，却又常常担心自己和别人不一样；渴望真挚的友谊，却又常常被不被理解、不被接纳的阴霾笼罩；渴望向父母证明独立，却又非常需要来自父母的理解和支持；渴望证明自己长大，却又经常感到迷茫而不知所措；渴望异性友谊，却又容易一不小心陷入青春情感的泥淖……

你是否已经感觉到，长大的渴望和不期而遇的迷茫交织在你的内心中，让你对世界充满激情，但也不由得纠结重重？

有人以为你在闹情绪，有人以为你听不进道理。

其实都不是。处于青春期的你很需要支持，很需要道理。只不过，你渴望的支持，不再是吃喝拉撒睡这些简单的照顾和支持，而是能够深入到心中，能够深深地理解你的欢笑与忧愁的精神支持。你排斥说教的大道理，因为那会让你觉得"又来教训我，我又不是小孩子"，从而产生逆反，但是，你却渴望父母、师长在理解你感受的基础上给予用心指引，那是一种站在你的位置,愿意倾听你的声音,愿意感受你的情绪,愿意和你一起探讨、想办法,愿意将自己的理解真诚托出的真心的陪伴。

多年来,我一直担任多家媒体的青春期信箱的咨询师及专栏作者,通过书信的方式,对遇到各种各样问题的青春期少男少女们给予引导和帮助,深得中学生们的喜爱。相信,在他们的信件中,在他们在咨询室的倾诉中,你能看到你自己的影子,能够感受到你自己的挣扎、自己的渴望,当然,你也能看到你自己的力量和属于你的希望。

本书除了以信件、咨询室故事等最直接的方式呈现男孩女孩们关心的话题外,还对信件中涉及的话题进行深入解读,以帮助你更好地认识自己、接纳自己、发现自己、欣赏自己;同时,也帮助爸爸妈妈们,更好地了解青春期的孩子们有哪些特点,能更好地倾听他们的心声,从而能更好地关爱他们,更好地给予他们支持,帮助他们更好地迎接美好的未来。

是的,因为青春,一切都生机勃勃,因为年轻,一切都绽放希望。

李 玲
2022年夏于北京

# 目录

**矛盾重重的青春期**
变化 / 1

**我渴望与世界和解**
社交 / 41

**请给我有尊严的爱**
家庭关系 / 75

**不是烦恼太多,而是心胸不够宽广**
内心矛盾 / 111

**为梦想加油,努力成为自己喜欢的样子**
未来 / 141

**仰望星空,少年的路在脚下**
学业 / 179

# PART 1
## 变化
### 矛盾重重的青春期

# 活得卑微，如何破局？

老师：

您好！

我是一个卑微的女孩，卑微得像一颗尘土，谁都可以忘记我，忽略我，我不知道我活着还有什么价值。

两天前，班里的一位同学过生日，邀请大家去参加生日party，我也去了。这位同学的妈妈在切蛋糕的时候，数错了人，少切了一块，轮到我的时候，蛋糕没有了。虽然那位同学的妈妈不停地道歉，周围的同学也都分了蛋糕给我，可是我心里却很不舒服，我很委屈，为什么偏偏轮到我的时候，蛋糕就没有了呢？

类似的事情非常多。比如说，任课老师已经记住了班里所有同学的名字，可就是没有记住我的，有好几次课堂提问，都说："那个穿红衣服的女孩！"结果班里同学的目光齐刷刷地转向我，好像在嘲笑我没有被老师记住。

还有上小学时，歌咏比赛要排方队，排来排去，老师就把我漏下了，后来，好不容易才把我安插进队伍里，而且，还站到了男生的一边。

同学们在一起聊天，我发现我说话的时候，大家好像就不太在意，我说的话别人回应也不是那么积极。新事老事，搅得我心里很不舒服，为此，还悄悄地抹了好几次眼泪。为什么同样是人，我就得不到重视呢？

伤心的魏娜

魏娜：

你好。

因为，你给自己贴上了卑微的标签，所以，你就成了一个被别人忽视的人了。

作为一个社会中的人，我们会和周围的人发生互动。而我们内心中对自己的定义会影响我们的心态，并通过言行表现出来，我们的言行又会影响我们与周围人的互动。这样一来，我们的所思所想，就会对我们与别人的关系造成影响。

当你在内心中将自己定义成卑微的人时，行为上很有可能就会退缩，声音也可能不那么洪亮，在群体中也不敢表现自己的观点——因为，这才符合"卑微"的定义。如此一来，在群体中被忽视就是很自然的事了。而这也就验证了你内心中"卑微"的定义，接下来你的行为很可能就更加退缩了，也就更容易被忽视了。这在心理学上被称为"自我预言的实现"。

要想改变被忽视的状态，首先要改变自己的思维方式，在内心学会重视自己。为了建立这一思维习惯，你可以试着用"我很重要，所以……"的句式，来解读你遭遇的一些事情。也许是"我很重要，所以大家都把自己的蛋糕分给我""我很重要，所以老师没记住我的名字，也要提问我""我很重要，所以老师费了很大的劲也要把我安排到方队中"……

当你这么解读这些事情的时候，内心中就会产生一种自己很重要的感觉，会发现自己在团体中原来也是有影响力的，只不过过去一直没有留意。

由此可见，很多困扰我们的事情，只需要换一个积极的角度，就会烟消云散了。当你将"我很卑微"的标签换成"我很重要"的标签时，你周围的世界就大不一样了。

李玲

**告别卑微感的小妙招**

*转换思维*：不再去刻意寻找卑微的证据，而是寻找"我很重要"的证据，你会惊喜地发现，当你刻意寻找一个证据的时候，这个证据会格外多。

*大胆地表达*：让别人能够听到你的声音，你的观点。其实最主要的不是让别人听到，而是在表达的时候让自己听到自己的声音，你就会改变"我很卑微"的想法。

*为别人做一些事情*：一个能付出的人永远不会是卑微的，力所能及地给周围人一些帮助，你会更有存在感和价值感。

# 为了更强大而变坏

## 女儿为什么变坏了？

"我是一位母亲，特别需要你们帮助，我真的不知道怎么办了……"临近下班，我接到一个电话，对方的声音沙哑而低沉，说了不到两句话，便泣不成声。

我安慰她不要着急，她的情绪稍稍平静之后，讲了让她心痛不已的事情。

"我的女儿今年十六岁，小时候一直都特别听话，不但学习好，而且多才多艺，亲戚朋友都特别喜欢她，可现在不知怎么的，一下子就变坏了，坏得我都不敢相信她是我女儿了，她抽烟、喝酒，还认小混混做干哥……"说到这里，她又哽咽得说不下去了。

我说，任何事情的发生都是有原因的，只有找到了原因，才能对症下药，在得知她女儿也愿意接受帮助的情况下，我们约定第二天当面咨询。

女孩长得小巧清秀，高高扎起的小短辫活泼而俏皮，参差不齐的刘海轻轻地散落下来，遮住了额头。一件海蓝色圆领衫，将细嫩的皮肤衬托得白皙而透明。她怯生生地坐在沙发上，把玩着钥匙链，偶尔抬起头，目光中显露着戒备。为了咨询能够顺利进行，我请她的母亲先回避，与女孩单独谈。我递了杯热水给她，她轻轻地放在桌子上，继续低头把玩钥匙链。

"你知道你给我的第一感觉是什么吗？"我试图找到打开她心扉的办法。

她很警觉地抬起头，眼神中的戒备更加明显了，她一边摇头，一边又将目光移回到了钥匙链上，看得出，她的心理防御非常强。

"像浪花，特别清凉的那种！你很喜欢蓝色是吗？"我说。

她微微点了点头，眼神中的戒备少了很多。就这样，我一次次地将想要关心她、不会伤害她的信息传递给她。终于，她主动开口说话了。

"我的事儿您都已经知道了吧？您觉得我是不是无可救药了呀？"她急切而紧张的样子，像是等待着我的宣判。

"我知道你遇到了困难，如果一遇到困难，人就变得无药可救了，你说这个世界上会有多少有药可救的人呢？"我反问。

她长长地叹了一口气说："哎，反正我是让我妈失望透顶了。"

"看来，你很在意妈妈的感受。"

女孩沉默了一会儿说："嗯，妈妈说，在这个世界上，我是她唯一的亲人了……"

## 我没有爸爸了

女孩告诉我，她原本有着一个很幸福的家庭，但是，三年前，爸爸有了别的女人，就和妈妈离婚了。从那时起，所有的一切都改变了。

虽然有关单亲家庭的案例我接触得非常多,但是,听着女孩的讲述,看着她的表情在回忆的幸福与现实的痛苦间切换,我的心依然隐隐作痛。

"我现在闭上眼睛都能想起和爸爸妈妈正月十五去看烟花的画面,我爸爸个子高,特有劲儿,我都七八岁了,他还能把我举到他的肩膀上。看着绚烂的烟花从花炮中冲出,一瞬间在漆黑的夜空中盛开,我高兴地大喊大叫,妈妈则站在爸爸身边,把手搭在我的腿上,那时候真的是特别幸福,特别快乐……

"可这一切,再也找不到了。大人之间的事情,我不是特别懂。感觉到家里变化时,我正上六年级。有一次,学校要开家长会,本来妈妈说好要去的,我很高兴,那次我考了全班第一,当然想让妈妈知道我的好成绩了。可家长会结束后,老师问我:'王倩,你妈妈怎么没有来?'我当时特别生气,急匆匆地跑回家,想问妈妈为什么说话不算数。可是,当我推开门,却看到妈妈在哭着打电话,电话是打给姨妈的,妈妈好像说过,她悄悄跟在他们身后,发现了他们在咖啡屋,那女的靠在他肩上……愤怒变成了害怕,一则很少见到妈妈哭,二则,我当时就感觉到,一定是发生了什么事情,莫不是我爸爸……当时真的是不敢往下想,只是愣愣地站在门口,看着妈妈。

"妈妈看到我,一把将我拉到怀里,流着泪说:'你爸爸不要咱们了,不要咱们了……'我脑袋'嗡'的一声,我不能相信这是真的,那么爱我的爸爸怎么可能不要我了呢!

"可这是真的!我记得妈妈带着我打车到了一个地方,推开门,爸爸和另一个女人待在一起,我还看到,墙壁上挂着爸爸和那个女人的合影。妈妈疯了一样,又哭又闹。爸爸走上前来要搂我,我狠狠地咬了他一口冲了出去,妈妈在后面喊我的名字,我的心里只有一个声音'我没有爸爸了,没有爸爸了……'

"后来爸爸妈妈就离婚了,我跟妈妈生活在一起。从那时起,我就很少见妈妈笑过。妈妈对我说,她是一个命苦的女人,有时候说着就哭了起来。自从爸爸离开后,我也再没有吃过一顿像样的饭,以前妈妈做的饭可好吃了,可自从爸爸走后,妈妈再也不做饭了。"

## 我要保护妈妈

"后来,妈妈自己开了一家服装店,妈妈一下子变得非常忙,经常早出晚归。妈妈说,她要让爸爸和那个坏女人看看,她并不比他们差。家里变得更加冷清了,我有时候一觉醒来,妈妈还没有回来。

"有一次,一个顾客和妈妈发生了争执,用手提包砸妈妈的头。妈妈气坏了,回到家不停地吸烟,乌烟瘴气中,我看到妈妈流泪了,我知道,妈妈又在恨爸爸了。

"那天下午,我一个人去爸爸的单位等爸爸下班。自从离婚后,妈妈不让我和爸爸来往,但那天我偷偷地去找爸爸，我想求爸爸回家，回到我和妈妈的身边。好不容易盼到爸爸出来，我轻轻地喊了一声'爸爸'，爸爸没有听到，径直朝一辆车子走去，车子里有那个女人，还有一个小男孩。对躲在角落里的我，爸爸却看都不看一眼。我彻底绝望了，我恨爸爸，恨那个女人，恨那个陌生的小男孩，是他们毁掉了我和妈妈的幸福，我发誓我再也不认爸爸了。我把这些事情和班里的一个女同学讲了。她建议我认个干哥，说那样就可以不再受欺负。后来，我们就认识了那群人，我还请他们吃饭，他们其中一个认我做了干妹。没几天，他们便把和我发生冲突的一个女孩揍了一通。我在学校里，一下子成了没人敢惹的人了。我就想，我终于有力量保护我妈妈了……"

说到这里，女孩又流泪了。

"可是接下来，一切并不是你想象的那么简单，你受到了伤害，是这样吗？"我轻轻地问。

"嗯。"女孩点着头，已经泣不成声。好长时间，她激动的情绪才有所平复。"可是，妈妈说我已经让她失望透顶了。"

我安慰她说："每位母亲都希望自己的孩子能够快乐健康地成长，所以，孩子遇到的伤害和痛苦，在母亲那里是成倍的。妈妈那样说，只不过是感觉到无能为力罢了。"

"那就是说，妈妈没有对我彻底失望？"女孩期待地看着我。

我坚定地点头，因为我相信，每一个主动来求助的咨询者，无论他们深陷怎样的困境，无论经受着怎样的痛苦折磨，他们依然在紧紧抓着希望。"妈妈能带你来咨询就说明她希望你们能好起来啊，如果她彻底失望了，她就不会来了。"第一次，我看到女孩的嘴角有淡淡的微笑掠过。

### 心理点评　建立心理安全感

为了保护妈妈去结交不良朋友。女孩的这一做法，在很多成年人眼中是愚昧的。但是，要知道很多走上迷途的青少年，动机实际上都是很单纯而无恶意的。比如说，一个抢劫摩托车的男孩子，面对警察的审问，说："我就是想让我喜欢的女孩子看到我是一个英雄。"

然而，为什么他们实现目的的愿望那么强烈？而且会采用一些很错误很无知的手段呢？这就不得不去寻找背后的心理缘由了。

对青少年来讲，家庭对于他们心理的形成、性格的发展起着十分重要的作用，而家庭的美满主要来自父母稳定和谐的情感关系。

案例中女孩结交不良朋友，与家庭也有着不可分割的关系。处于青春期的孩子由于心理未成熟，社会阅历浅薄，他们看待问题的角度非常单一。很多孩子会认为父母离异后，离开的那一方就不爱自己了。而这种被抛弃的感觉让他们感觉到非常的不安全。这个时候，生活在孩子身边的一方，应该以正确的形式告诉孩子，无论父母的感情如何，孩子都是被双方所爱的。这是对孩子心灵很好的安慰。但是，案例中的女孩的母亲却告诉孩子父亲不要她了。当女孩在找父亲却没有成功的时候，心中的无助和不安可想而知。

可以说，正是母亲的受害者的形象，让女孩感到了更加的不安和沉重。在外界的诱惑下，孩子便走偏了，她单纯地以为，她可以在那些不良少年身上获得安全感，进而让母亲也不再是受害者。最终导致自己受伤害。

所以，我建议女孩的母亲能够从调整自我的状态入手，当妈妈以一个自立自强的形象出现在孩子面前时，将是对孩子最好的鼓励，孩子将从母亲身上获得力量感。

女孩的母亲对我说，孩子的父亲实际上一直很希望见女儿，但都被自己拦截了。我告诉她：父亲和母亲的爱，都是孩子不可或缺的。她终于认识到，自己实际上是在将仇恨转嫁给孩子，这对孩子的身心发展是很不利的。

"对孩子来讲，她曾经的迷失也带给了自己很大的痛苦，母亲的接纳是鼓励孩子重新开始积极生活的勇气。"咨询将近结束的时候，我对女孩的母亲说。她噙着眼泪坚定地点头。

看着走出咨询室的母亲与女儿深情地拥抱在一起，看着母女俩泪流满面的样子，我的鼻子也酸酸的。但是，谁又能说此刻母女俩的泪水不是一种内心力量的涌动呢！

我深深地祝福她们。

**寻找内心真正的力量感**

肯定自己的价值：一个人的价值并不会因为爸爸妈妈离婚了而消失，尊重大人的选择，同时要肯定自己存在的价值。

避免卷入大人的矛盾：尽可能不参与到大人的矛盾当中去，也可以和爸爸妈妈说好，你不会介入他们的事情。无论父母做了哪些伤害他们彼此情感的事情，都不代表他们对你的感情产生了变化。避免卷入大人的矛盾是保护自己的好方法。

积极疗伤：把你内心的苦处告诉你信任的人或者寻求专业的支持，都是疏解内心压力的好方法。不要总是把苦压抑在心中，而是要通过正确求助的方式来调整心态。

# 友谊的裂痕从"你考得比我好"开始

咨询手记

正在读初二的陈茜茜来到咨询室时，是在一个周末的下午，她的眼睛红肿着，一看就是哭过的样子。在咨询室的沙发上冷静了一会儿，她对我说："今天是我特别悲催的一天，我的心情糟糕透了！"她今天的糟糕情绪，与她最要好的朋友有关，但是又似乎没有关系。

我鼓励她不要着急，慢慢说。

陈茜茜长长地叹了口气："好吧，就从上次考试说起吧！"

在陈茜茜的讲述中，我了解到，她与胡晓萌曾经是很要好的朋友。以前，两个人学习成绩都不算太好，两个人在一起的时候很轻松，不像是和那些成绩好的同学在一起，总有一种压力感。当然，陈茜茜和胡晓萌也不是不追求进步的孩子，上学期的考试，两个人的数学成绩都不及格，记得那天领到卷子，陈茜茜和胡晓萌坐在校园的花坛里郁闷了好一阵子。她们一方面担心家长知道这样的成绩后会责备她们，另一方面，也为自己很不理想的成绩惭愧。

"咱俩以后好好学，就不信学不好！"陈茜茜拿着一粒小石子一边狠狠地在地上划，一边说道。

胡晓萌抬起头，看着陈茜茜坚定说："是呀，咱也没比别人少什么，大家能会的我们也可以学会！"

午后的阳光透过树叶的罅隙晒落下来，在两个少女脸上打下斑驳的光影，她们相对而视，放松地笑了。

"真的，那一刻，我觉得身边能有这样一位朋友真好，我真切地感觉到了什么叫作彼此鼓励！"陈茜茜说着眼睛泛起了闪闪的泪光,她撇了撇嘴,对着我笑了一下。

陈茜茜告诉我,因为她们把目光放在了未来,所以,眼前的烦恼对两个人的困扰一下子减轻了好多。那天黄昏,陈茜茜和胡晓萌挽着胳膊,一起走在回家的小路上,虽然内心的忐忑没有消失,但她俩已经开始制订接下来的努力方法了。

转眼到了新学期,胡晓萌的数学成绩一下子比上学期提高了 20 多分,可陈茜茜却只提高了三分,也就刚刚上及格线。看着胡晓萌开心的样子,陈茜茜心里好难受。那一刻,她很生胡晓萌的气,虽然胡晓萌说:"没事的茜茜,下次好好考不就得了!"可是陈茜茜觉得,胡晓萌的话,很虚伪,一点也不真诚,更谈不上理解她了。

那天放学,陈茜茜没有等胡晓萌,便一个人往家走。胡晓萌追上来,挽住了她的胳膊,但整整一路,两个人一句话都没有说,还是那条熟悉的小路,但这一次,陈茜茜感到好孤单。

"我是在嫉妒她吗?还是我的内心有挫败感?我也说不清楚为什么,但是心里就是很生气。最近几天,我们都没怎么讲话……"

就在陈茜茜来咨询室的当天下午,体育课上,胡晓萌说自己肚子疼,让陈茜茜陪自己回教室休息一会儿,陈茜茜心里也很想陪胡晓萌,但嘴上却说:"哼!你还有求人的时候呀!"胡晓萌顿时眼里充满了泪花,她扭头走掉了。不一会儿,陈茜茜看到其他两位同学陪胡晓萌回了教室。

而接下来,她看到她们三个人在一起谈笑风生,胡晓萌都没有看自己一眼。

我告诉陈茜茜,她生气的背后,嫉妒、挫败感都有,不过,还有一种"认同心理"被打破的失落。前一次考试时,陈茜茜和胡晓萌的数学成绩都不理想,因此,两个人彼此产生了认同心理,即认为对方和自己境遇相同、心情相同、面对的"考验"也相同……各自会有一种"有人与我肩并肩在一起"的感觉,进而降低内心的焦虑、恐慌、不安全感。但是,这一次的考试,胡晓萌的成绩却一跃而上,陈茜茜则进步不多,曾经的认同心理被打破了,陈茜茜就会有一种类似于"被抛弃"的感觉,因此,会莫名其妙地生好朋友的气。

对于陈茜茜来讲,要想走出这种失落感,就需要认识到朋友进步的意义。要知道,朋友进步了,不仅不是"抛弃"了自己,更多的是可以带动自己一起进步。比如,自己可以向好朋友学习好的学习方法,也可以以她为榜样不断激励自己,有不懂的问题,还可以向她请教……再仔细想想,这样的意义会想到很多呢!相信,在好朋友的带动下,自己的进步也会很快的。到那个时候,陈茜茜就又可以和胡晓萌"站在一起了",只不过那个时候,两个人是站到了更高的平台上。

我对陈茜茜说:"其实,要想进步,就需要有一个你追我赶的过程,彼此带动,彼此帮助,这种友谊才是真正有质量的友谊。"

"可是,她可能已经不愿意理我了,我今天那样对她,我已经亲手把我的好朋友推远了!"

"你觉得如果换成你,你会原谅对方吗?"

陈茜茜停顿了一阵子,很迷茫地看着我:"不确定,我觉得最好的朋友在最关键的时候不肯帮我,我很心寒!"

"那如果你知道了对方当时心里其实很愿意帮自己,但是却因为她自己有挫败感,生自己的气,进而说了言不由衷的话,你会原谅对方吗?"

陈茜茜点了点头:"我想我会的!"

我告诉陈茜茜,这就是在换位思考。其实,每个人都是愿意去理解别人,宽容别人的,前提是,我们能把自己内心的真实想法告诉对方。

陈茜茜若有所悟地点点头:"我明白了,或许,我挽回友谊的方式,就是坦率地承认自己内心的脆弱吧!"

我微笑着鼓励陈茜茜,当我目送她步履轻松地离开咨询室时,不由得感慨,成长就是一个不停地伴随着迷茫和痛苦的过程,但是我们也由此不断地成长成熟,回过头来,我们也许要真诚地对这些经历说谢谢了。

**如何面对朋友的优秀**

保持学习的心态：所谓"近朱者赤，近墨者黑"，与优秀的朋友在一起，你会学习到很多优秀的方面，这是一件非常好的事情。

感恩的心态：当你向好朋友学到了很多的优点，千万不要忘记了感恩，可以经常写写感恩日记，感谢朋友又让你学到了什么。这会使得自己的心态积极向上。

真诚的赞美：把你看到的好朋友的优点告诉对方，对方一定会很开心的，而你也会渐渐地成为一个很会赞美别人的人，这样一来你就更能够吸收别人的优点了。

身处人群中，
我却如此寂寞

我,是一粒尘,穿越时空,只为你看见,
你,是夜空的星,揉碎的光辉,闪亮所有人的眼,
我,泪眼朦胧,黯然转身,
你,巧笑倩兮,无以顾及。

我,是一枚细雪,摇曳苍芎,只为你听见,
你,是凡间的海,惊涛拍岸,收摄所有人的心,
我,怅然若失,悄然离去,
你,受宠四方,无以瞥见。
……
我终于明白,
你就是你,我靠不近的你;
我就是我,走不近你的我。


老师:

　　您好。信前这首诗是我心中所感,送给您。

　　说了您也许不理解,我经常有一种感觉——我是多余的。

　　我从小是在奶奶家长大的,从我记事起,爸爸妈妈就很忙碌,他们忙着做生意,忙着赚钱,忙着给哥哥攒钱娶媳妇。

　　我记得我幼儿园的时候,别的小朋友每天都由爸爸妈妈接回家,但我一个星期才能回一次家。我的老师对我很好,会把我领回他们家,家里吃啥好吃的,也会给我吃。奶奶也很感激幼儿园的老师,说我们交的那些学费,都不够老师贴补给我的饭钱。在我心里,幼儿园的

张老师，比我爸妈都亲。

后来他们搬家了，搬到了另一个县城。那时候，我已经上二年级了，我哭成了泪人，我从来没有那么难过，我爸爸妈妈去做生意要离开我的时候，我都没有那么哭过。可他们还是走了。我后来听说，他们是为了让他们的女儿上个好学校才搬家的，我的心咯噔一下，生生地痛，是的，我终究不是他们的孩子，我没有他们的孩子重要，我不能要求他们为了我不搬家，好像一下子我就与他们的距离远了许多。

大概是我性格还比较随和吧，我身边其实不缺好朋友，三三两两的，看上去总是有个伴。但是我的心里，经常是空落落的，大家在一起开心地说笑，我就会觉得没我啥事，有时候觉得被忽略了，心里就会生闷气。

全班在一起活动的时候，我心里就更不是滋味了。比如说，全班一起去野营，或者是举办联欢会什么的，我就总感觉自己像被一个大泡泡罩着，他们的快乐渗入不到我的泡泡中，我与他们是隔着的。

这种状态让我特别难受，经常会一个人流泪。您知道吗？这种滋味很不好受，我该怎么办呢？

孤独的小月

小月:

你好！你的诗很美。

看了你的来信，很心疼你，我们每个人生活在这个世界上，都渴望与别人联结，从而感受到一份归属感和安全感，如果我们不能与别人联结，内心就会感到孤独、寂寞、胆怯……

你来信中提到，父母在你很小的时候，就不在你身边。也许，那时候的你，曾经伤心过，哭泣过，也曾渴望爸爸妈妈像别的小朋友的爸爸妈妈一样，留在自己的身边。但是，你的愿望没有实现，毕竟大人有他们的生活安排，很少会因为孩子的一个愿望而改变。

于是，你失望了，无助了，内心痛苦了。这种滋味不好受。为了避免自己内心受到这样的冲击，我们就会生出心理防御——"哼，我没有那么需要，我不需要"。所以，到后来你觉得爸妈是否在身边不那么重要了，甚至他们都不及老师重要了。事实上，很可能是你逃避了这种感受。否则，你在意识到老师的女儿对老师来讲比你重要时，就不会那么失落，因为这触及了你内心很痛苦的地方。

亲爱的小月，每个孩子都渴望爸爸妈妈的陪伴，就算没有得到，那不是孩子的错，孩子的需求是正常的。明白了自己对父母的情感联结的需求，正视这一层需求，我们在人群中，才能渐渐去敞开自己的心灵。因为孩子与父母的联结是最基础的。当然，你可能会很委屈，也会愤怒。那就像给我写信一样，将委屈、愤怒表达出来吧！爸爸妈妈没有给你足够的陪伴，不代表他们不爱你，只是说，他们的认知和所处的环境，让他们不懂得如何去爱你。爱，一直在，只是没有以你需要的方式传递给你。

现在你已经渐渐长大，我看到了你旺盛的生命力，也看到了你对爱的需求。多在内心与自己交流、对话，多对自己说赞美的话，关心的话。学会以你需要的方式去爱你自己。渐渐地，你会发现，你与周围人能联结了。

那个笼罩你的大泡泡，其实是一种对自我的保护，你担心被拒绝，所以便先主动拒绝。可以试着与最信任的朋友交往，可以把你的内心敞开一点点，试探一下是否安全，然后，再敞开一点点。

什么是敞开内心呢？它包括与对方聊聊你的心里话，说点你的小秘密，谈谈你的感受，以及对世界的看法。总之，与自己相关的那些信息，能够传递给别人，就是一种敞开哦！

当然，别忘了之前我们说的，先学会对自己敞开，写日记、画画，在内心中与自己说话，都是很好的方式呢！当我们与自己的关系越来越好，我们与外界的关系就会越来越好！

亲爱的小月，只要你愿意，世界上有很多温暖和爱等着你。你，并不孤独！

李玲

**告别"孤独感"的小妙招**

学会与自己相处：发呆、写日记、听音乐，都是与自己相处的方式，学会享受这些时光。

结交值得信赖的朋友：每个人都渴望友谊，与值得信赖的人交朋友，互相支持互相帮助，可以驱逐你的孤独感。

看到父母的爱：爸爸妈妈的爱是我们爱这个世界的源头，看到父母对自己的爱，并试着向父母表达情感，随着你们关系的改善，你将会从孤独中突围出来。

# 我被狠狠批评了

老师：

  您好！

  写这封信的时候，我正处于垂头丧气的状态中。今天下午，我被班主任老师狠狠地批评了，原因是我借作业给别的同学抄袭，班主任老师当着大家的面说："刘晓蔚，天底下是不是就你会做这个题目呀？你以为你学习很好吗？我告诉你，你给别人抄的都是错的，你是在害人！"

  我当时无地自容，脸颊滚烫，头脑发蒙，恨不得找个地缝钻进去。我不明白老师为什么要这么侮辱我，是我得罪她了吗？这个世界好复杂，好凄凉，我觉得好难过。

  我是班级的学习委员，老师过去一直对我很好，甚至可以说是偏爱我的，比如每次走到我身边，都要看看我在做什么，有时候看我在做题，她会关心地看看我做得怎么样，然后指导我一下。可是今天，为什么她一下子像是变了一个人？我难过极了！这件事情其实不怪我，是别人要抄我的作业，难道能怪我吗？

  我好难过，好难过！

晓蔚

晓蔚：

你好！

我很理解你被老师批评了的心情。作为一个之前一直被老师重视，甚至偏爱的学生，被老师当众批评了，感到很没面子，进而怀疑老师不喜欢自己了。你感到垂头丧气，很难过，这种情绪反应是正常的。

但是，即便是在你这么难过的时刻，我依然想对你说："恭喜你，拥有了一次难得的自我成长的机会！"为什么这么说呢？可能提到成长，你会想到自己长高了，年龄长大了，再想深入点，可能会想到自己的学习进步了。实际上，成长的含义很广，比如心态成熟了，抗挫能力强了，心理素质好了，对事情的好坏对错能有更理智的判断了……只是成长并不总是一帆风顺的，有时候伴随着深深的痛苦。从这个层面来讲，我们要感谢那个舍得让我们经历痛苦的人。

与你分享一个蝴蝶破茧的小故事吧！

一天，一只茧上裂开了一个小口，蝴蝶艰难地将身体从那个小口中一点点地挣扎出来……转眼几个小时过去了，看起来蝴蝶似乎已经竭尽全力，不能再前进一步了……有个人看到后心疼它，决定帮助蝴蝶一下。他拿来一把剪刀，小心翼翼地将蛹壳破开，蝴蝶轻而易举地挣脱出来。但是它的身体很萎缩，翅膀紧紧地贴着身体……那人期待着蝴蝶的翅膀会打开并伸展起来，支撑它成为一只健康美丽的蝴蝶的那一刻。然而，那一刻始终没有出现！

实际上，这只蝴蝶在余下的时间里极其可怜地拖着萎缩的身子和瘪塌的翅膀在爬行，它永远也不能飞起来……这个好心人并不知道，蝴蝶从蛹壳上的小口挣扎而出，这是上天的安排，只有通过这一挤压过程将体液从身体挤压到翅膀，它才能在破壳而出后展翅飞翔……

在生活中，很多疼爱我们的人往往舍不得我们受苦、受委屈，但是，我们也因此无法变坚强；而一些带给我们逆境和考验的人，往往是拓宽我们心灵的贵人。从这个角度讲，应该感谢你的老师，她的批评是会让你内心感到不舒服，但是对于未来，你也由这一次体验而变得更加坚强和有应对能力。

当我们的内心逐渐恢复平静，我们来理智地看待一下这件事情。的确，是对方主动要求抄你的作业，但是从你的角度去理解，抄作业是对还是错呢？我相信，作为一个成绩优秀的学生，你一定知道这是错误的行为。

那么，当看到同学打算做出错误行为时，你是随顺他还是要阻止他呢？我觉得作为一个好同学，善意的提醒是必要的。比如，可以鼓励他独立完成，遇到不会的题目你可以讲给他听。只要带着尊重和为对方好的意愿，我相信大多数同学都是可以理解的。

如果我们只是为了面子，随顺对方错误的行为，对自己，对别人其实都没有好处。

事实上，一个有原则的人，才会更受人尊敬。

这样看来，这一次的经历，实在是收获大大的呀！感恩一切的发生吧，只要我们积极正面地看待它，它都是上苍送给我们的礼物。

李玲

**挨批后的心理复原**

承认自己的错误：承认错误是一种勇气。只有在承认的基础上才能改正错误，当我们内心不再抗拒错误的时候，就没有那么难受了。

积极改进：承认错误之后就是改进了，改掉一个坏习惯或者一个错误的行为，就等于我们拥有了一个正确的行为，一个积极的习惯，这是一个很大的进步呢。

感谢挫折：即使是因为误会而遭受了不恰当的批评，你也不要因此而沉迷痛苦无法自拔，这只是人生过程中的一个挫折，感谢这个挫折的出现，你又向成熟迈进了一步。

# 对不正当触摸 Say No！

上个周末,莹莹出去玩,回来坐公交时人特别拥挤。当时不断地有人上车、下车,莹莹也随着售票员"往里走、往里走"的呼声不断地变换位置。走了一半路途后,莹莹站到了一个横着的栏杆旁,在她身后是一个高个子男士。

忽然,一只手在莹莹的身后动来动去,莹莹以为是拥挤造成的,便使劲往前蹭了蹭,可是他又顺势贴了过来,和一个陌生的异性如此贴近,莹莹浑身不自在,直起鸡皮疙瘩。

莹莹意识到,这个男人可能是故意的,心里又气愤,又害怕。不知该怎么办。她只好昏头昏脑地提前下了车。莹莹不敢再上公共汽车了,她给妈妈打电话,让妈妈接自己回家。

莹莹一见到妈妈,愤怒、害怕全都化作了委屈的泪水,边哭边讲述自己刚才的遭遇……

可是,妈妈也不可能天天接自己呀,想起公共汽车上发生的事情,莹莹都不敢乘坐公共汽车了。

### 了解什么是性骚扰

千万不要因为不好意思而对性骚扰的话题讳莫如深,在日常生活中,要了解什么是性骚扰,同时学会如何应对性骚扰。

### 常见的性骚扰行为

身体的接触:故意擦撞他人身体,或是强行抚摸他人。

言语的骚扰:如在异性面前讲黄色笑话;一些不礼貌的带有性意识的语言、动作甚至声音等都属于性骚扰。

非言语的骚扰:如用暧昧的目光打量异性,或给异性出示色情书刊、海报等。

胁迫、要挟：比如以一些利益为诱惑，要挟、强迫对方服从性要求。

## 保护自己的方法

保持警惕，一身正气：有的女孩喜欢听恭维、吹捧、赞美的话，容易对那些英俊男士、有钱人士、社会名流等放松警惕，但实际上，这些人也有可能对女孩造成伤害，要时刻保持自己的心理防线，避免受到性骚扰。女孩应该自尊自爱、不卑不亢地去面对这个世界，保护自己的权利，提高警惕，防止自己成为性骚扰的对象和陷入性骚扰的困境。

学会拒绝：每个人都有权利保护自己免受伤害，如果你感觉对方的行为使你不舒服时，要相信自己的感觉，坚决地拒绝他。可以用不容侵犯的眼神盯着他，也可以马上抽身离去，或者告诉他，自己对他的言语或行为感到非常地厌烦。

主动寻求帮助：很多女孩在遭受性骚扰时，都感到惊恐不安，产生自卑感，无所适从。实际上，也正是受害者这一心理特点，一定程度上使得骚扰者更加胆大妄为。

受害者只有主动求助，才可以将伤害减至最低。如果你在公共场所遇到了骚扰者，面对他挑逗性的语言、神态和动作可先视而不见，有些骚扰者会自觉没趣抽身离去，如果他还死缠烂打的话，一定要请保安人员来帮忙，或者假装自己遇到了熟人，追上前去，与别人结伴而行。如果骚扰者继续为所欲为，就要打110报警了。但是，值得提醒的是，千万不要到僻静的地方打电话，以免骚扰者采取攻击行为。

默默还击对方：如在比较拥挤的公车或地铁遇到骚扰者，可用胳膊顶对方的身体，或用鞋跟狠狠地踩对方，并趁机离去。如果对方不肯罢休，应冲他大声吼叫，以引起大家的注意，情况严重时,应告诉售票员协助解决。

冷静应对电话骚扰:当对方通过电话对你说一些不堪入耳的话语时,要保持冷静。你生气的反应只会让对方更加兴奋,从而增加骚扰的频率。最好的办法是冷冷地告诉他"你打错了"。然后,将电话放下。也可告诉对方你会报警的。对经常骚扰的人,你可对着电话吹响哨子,以刺痛他的耳朵。

另外,为了避免性骚扰的发生,要注意以下方面:

不与陌生人结伴而行。在陌生环境拒绝理睬陌生男士的搭讪,不给陌生人带路,不搭乘陌生人的车,拒绝与陌生人在寂静幽暗的道路结伴而行。

摆脱贪小便宜的心理。不随意接受陌生人的邀请、馈赠,拒绝饮用、食用陌生人送的饮料、食品。外出时,要告诉家人自己的去向和归来时间。

明确态度、正告对方。女孩在第一次受到性骚扰时,就应当向对方明确表明态度,可以是无声的断然拒绝,也可以是有言在先,要求对方检点自己的行为。总之对于性骚扰者,女孩不要羞涩,要以最大的勇气、强硬的态度、义正词严地回应。

**避免性骚扰的提示**

认识性骚扰的信号:任何让你感觉不舒服的肢体接触、语言和非语言行为,都是性骚扰的信号,积极辨识,赶快远离。

坚定拒绝:你拒绝的态度越坚定,对方收敛行为的可能性越大。可以通过坚定的目光,正式的语气来拒绝。

积极求助:如果你的拒绝无用,一定要向周围人求助,切不可忍气吞声或者羞于启齿,你的忍耐只会让对方变本加厉。

难道，
我就只能做个丑小鸭了吗？

老师：

您好！

我是一位正在读初一的女孩，您如果不见我的真人，只是打电话，您可能会以为我是个美女，因为我的声音很甜，可事实上，我是一个根本就不配拥有这么好听的声音的丑女孩。

从小的时候，邻居们就管我叫"小黑丫头"，我很讨厌他们这么叫我，现在长大了，每每回忆起这些，我心里就很难受。

老师，我的确是一个皮肤很黑的女孩，为此，我不敢参加演讲比赛，不敢和漂亮的同学走在一起，不敢和男生开玩笑……现在的我生活很压抑，就像布满了乌云。

有时候做梦，我会梦到自己皮肤变得白皙细嫩，配上自己的大眼睛，漂亮极了，好多女孩子都羡慕我，男孩子们也开始关注我，但是醒来后发现是一场梦，我的心里就更加失落，多少次，咸咸的泪水流过嘴角，就像心里的苦，只有我一个人品尝得到。

老师，您说我就只能做个丑小鸭了吗？难道，我就没有办法改变自己了吗？

伤心的梦琦

梦琦:

你好!

读了你的信很能理解你的伤心,我似乎看到了一个皮肤微微有些黑的女孩,低着头伤心地独自走路的样子。

事实上,真的有你想象得那么糟糕吗?我看未必,因为你声音甜美啊,而且有一双大眼睛,这些不都是你自己说的吗?就因为皮肤黑了一点,就把自己打入丑小鸭的行列是不是有点太轻率了。

好了,对于是否是丑小鸭的问题,我们不再讨论,而是来看看你产生这种想法的原因吧!

其实,你的烦恼和你所处的年龄有很大关系。发展心理学的研究表明,青春期是人认识自我并急于肯定自我的阶段,而自己的外部形象更是他们进行自我评价的重要方面,这一点常常被成人所忽视或者不理解。处于青春期的少男少女几乎把外貌当成自我的全部象征,并觉得这直接关系着自己在同龄人中的地位与尊严,因此容不得半点"差错"。于是,他们开始"吹毛求疵"地研究起自己的外貌,女孩倍加关注自己的长相、身材和皮肤,她们特别爱照镜子,不是嫌自己皮肤太黑,就是嫌自己额头太窄,对于胖瘦更是有一种病态的追求。而令男孩经常忧虑不安的,是他们认为自己的身材不够高大,脸上长痘及体重超重等。尤其是他们把身材高大与男子汉的形象联系在一起,所以身材矮小的男孩常常有着强烈的自卑。这一切都是青春期所特有的"体态意识"的烦恼,它几乎都是秘而不宣的。

美国20世纪初著名的心理学家马尔兹曾指出，青少年对外表所产生的烦恼，其心理障碍大都是在脑子里存在着一种"幻想式的丑陋"。据他对美国学生所做的调查表明，约有90%的人对于自己的外表有所不满。这说明大多数人对自己的外貌"期望值"较高。特别是一部分青少年，总以一种极度挑剔的目光来审视自己的外貌，把自己身上的一点"丑"加以无限地夸大。实际上，在外人看来，却远远不是这样的。

因此我断定，你一定将自己皮肤黑对自己的影响，以及黑的程度都扩大了，堆积在你心里，挡住了你生命的阳光。

那么现在的你该怎么办呢？首先，我觉得认识到自己主观放大消极面很有必要，这样一来，你的痛苦就会慢慢减轻了。其次，就是耐心地等自己成熟起来，这样的心理感受会越来越淡，也许有一天，你会惊喜地发现，皮肤有点微黑的你，拥有个性的美丽。最后，我也要提醒你，女孩子的美丽，更深远的，更持久的，应该是来自性格里的某些特质，比如：聪慧、伶俐、坚韧……这些是让一个女孩子越来越美丽的秘诀，告诉你，你完全可以用心"修炼"。

李玲

# PART 2

社交

**我渴望与世界和解**

## ● 没有糟糕的事情，只有糟糕的心情

老师：

您好！到这所新学校，已经两个多星期了，但是，我的心还没有在这里找到温度——一切都是陌生的，一切都是淡漠的，一切都是有距离的……

自习课的时候，我就盯着窗外，盯着被大叶黄杨围起来的一棵老树，看它皱皱巴巴的表皮，我真想问问它置身于一群异己当中，是否像我一样孤独呢？

我家在一个小县城，我的三位最好的朋友现在在小县城的中学里读书。可我父母却偏偏花了很多钱把我送到了这座陌生的城市，这所陌生的学校。我真的有点恨爸爸妈妈，难道，只有在重点中学读书，才能前程似锦吗？哼！我才不信呢，我在这里快憋屈死了。

这两个星期，你都不知道我流了多少思念的眼泪。我的脑海中，总是回忆起和好友在一起的场景，她们的面容、她们的微笑，很轻易地就闯入我的脑海，激荡起我的思念……

学校管理很严，不让我们随便往外打电话。那天我最要好的朋友冒充我妈妈给我来了电话，我俩一通聊，我觉得还是老朋友贴心啊，为了能找到我，真是绞尽脑汁呢，这情义是我一辈子都忘不了的。我们聊着，我的眼泪就落下来了。我好想回到她们身边，但我不能……

我觉得我现在身边的这些同学，都挺自私的。昨天晚上，两个同学还因为彼此放错了刷牙杯的位置而争吵起来。我对她们的举动很鄙夷，这算什么呀，我的好朋友在我没有带早餐的时候，会把自己的早餐让出来，宁可自己饿一上午呢！

我想，我和这些自私的人，永远也达不到这样的交情吧！

我每次和我妈妈打电话，说我想念朋友的事，我妈都特别严厉地批评我。她说，时间长了，大家的关系慢慢就淡了。让我把心思用在学习上。

可她不理解，我的朋友对我有多重要。那天，我在我的床头上刻下了"永远的朋友"。我发誓我忘不了我的好友，我也发誓，没有人能够替代我的朋友！

　　　　　　　　　　　　孤独无助的小青蟹


小青蟹：

　　读了你的来信，我真切地感受到了你对好友强烈的思念。

　　是的，当我们走过童年，步入青春少年，友谊的分量，在我们心目中开始变得重要起来，有些不愿意与爸爸妈妈分享的秘密，我们愿意与朋友分享；有些不愿意和爸爸妈妈待在一起的时间，我们渴望与朋友待在一起。好朋友在一起，说说心里话，一起做感兴趣的事情，真的是件很开心的事情呢。所以，看重友谊，看重朋友，是值得欣赏的美好的情感。

　　下面，我们就来着重说说"美好"吧！比如，我们说美好的天气，是指天气让人舒服，激发我们去积极地做想做的事情；我们说美好的风景，是指风景美丽如画，各种景物和谐相称，激发我们内心美妙的感受……

看到了吧，大多美好的事物，都有一个重要的功能，那就是激发内心的积极情感。美好的友谊也一样，它不单单是让我们沉溺于过去，彼此苦苦地思念，更是会激发我们不断地面对新生活新挑战，激发我们成为更好的自己，也激发我们创造更多的美好。当看到美好的友谊的这一功能，并善加运用这一功能，你的感受可能就完全不一样了。因为过去有过美好的友谊，这也会鼓励我们在新的学习生活中，去发展美好的友谊，过去的友谊在告诉你——你有这样的能力呀！

同时，美好的友谊也在激励你，去为相见的那一天好好奋斗，比如，投入学习，积极向上。要知道，朋友之间，光靠诉说哀愁是远远不能长久地维系情谊的，只有彼此之间积极鼓励、积极带动、积极感染才能让友谊更加天长地久。而这取决于你能在自己的生活中，创造、汲取积极的养分，你拥有了，才能传递给朋友，你们友谊之树才能被更好地浇灌和滋养。

当然，说到这里，我想你内心还是会有一个担心，那就是担心过去的友谊被替代，也怕像妈妈说的那样"慢慢淡了"，所以，你才偷偷地在木床头上刻下了"永远的朋友"！

这个世界上，很多事物是不会被替代的，我们在不同的时间，不同的地点，遇到的不同的一切，都是独一无二的。请你回忆一下，你与你曾经的三个好朋友相处时的感受，也一定是不完全一样的吧！所以，当我们渐渐长大，一路向前走，遇到的人和事，就像是一路遇到的各种风景，都是独特的，不可替代的。友谊亦如此，你也许还会有很多很多的朋友，但每一个，都是永远的唯一。

当然，你也看到了同学为一些小事争执的场面，认为和他们成不了朋友。但我觉得，你更是想通过排斥现在的新生活，来捍卫过去的情谊吧！实际上，拥有了新的友谊，不代表着对过去的背叛，就像今天太阳升起，不意味着对昨天的背叛一样。当你以开放和接纳的心态面对新的学习生活时，新的"风景"才会走入你的心。

那些争执，那些不和谐，更深层的原因往往是因为我们还不够彼此了解，所以，还没有那份安全感，更何况，人与人的经历不同，想法不同，如果两个人都处于急躁的状态，那就比较容易发生争执了。但这不代表着他们不渴望朋友，不渴望友谊。

说了这么多，其实，就是想鼓励你去以一种开放主动的心态去面对新生活，换个角度，你会发现更多的可能！

李玲

**如何融入新的朋友圈**

学会等待:每一个圈子,都有它的特征,也会形成边界,将圈内人和圈外人隔开。如果你准备融入一个新的圈子,不要心急,学会等待,学会观察,不要马上期待有和圈子里的人同样的"待遇",而是学会友好地对待圈子里的每个人。

从亲和的人开始:每个人的性格特征是不一样的,有些人更亲和,容易接近,当你交新朋友的时候,可以从结交他们开始。

促进圈子的团结:没有一个圈子喜欢破坏大家团结的人。学会做一个促进朋友之间友谊的人,将会更受人欢迎。

## 拒绝了他却又爱上了他

老师：

　　最近我的心一直被后悔、痛苦、无奈等情绪折磨着，原因是我错过了我爱的人。

　　事情是这样的，我和他原本是好朋友。有一天，他忽然问我是否愿意做他的女朋友，我当时真的对他没有感觉，于是便拒绝了，他后来又追求了我一段时间，见我一直拒绝便不再追求了，接下来我们见面都挺尴尬的。但是不知从什么时候起，我发现我爱上了他。我鼓起勇气给他写了信，问他可不可以一切从头开始，但他却说他不喜欢我，当时只是错觉。

　　我真的好痛苦，他是在报复我吗？为什么当时追我，现在却又拒绝我？难道他心里有别人了？我该如何让他重新喜欢上我呢？

　　　　　　　　　　　　　　　痛苦的雨小河


雨小河：

　　很能理解你的心情。也许，你最大的心愿，就是让他重新喜欢上你，重新追求你，然后你们的爱情像王子公主般拉开序幕……呵呵，是很浪漫，但不真实。

　　他现在的拒绝是在报复你当初的拒绝吗？我觉得不是。比起你的猜测，我感觉他说的"错觉"更有可能。也许你会觉得这样的答案有些残忍，但是这也代表了很多青春期情感的特点——飘忽而不稳定。

他追求过你，不否认他也真的喜欢过你，但是这种喜欢，还没有到了能经得住时间和困难考验的程度，因此，在遭到你拒绝后，这种感觉很快就烟消云散了。其实，你真的不必后悔，想象一下，假设你当时同意做他女朋友了，此时此刻，短暂的爱情已经灰飞烟灭，岂不是更令人痛心。

你也许会想，也许你们恋爱了，爱情不会如此短暂了。告诉你吧，维持一份爱情继续下去的原因有很多，大致包括，彼此的欣赏、心中的责任、协调和解决矛盾的能力，以及激情的体验。恋爱的初期，彼此的欣赏，并不会因为你们是恋爱关系了，就会增加很多，很多时候，倒是距离更能产生美——得不到的，会觉得是最好的，因此，这一点不会因为你没有做他的女朋友而打折扣；而责任和解决矛盾的能力，怕是你这个年龄所不能企及的，因此，也就别指望着它能成为稳定关系的因素；那么激情呢？如果前三者都不具备，只用激情去维持爱，且不说极其不稳定，就说那随之而来的迷失与伤害，也不是你与他这个年龄所背负得起的。如此看来，你觉得这份感情是开始了好还是未开始就搁浅的好呢？答案也许已经在心中了吧。这样想想，后悔的情绪是否会少一些呢？

你说你不知什么时候发现自己爱上了他，我想和你探讨的是，这种爱的成分里有多少是"不再被追求"的不习惯和寂寞？要知道，对于青春期的少男少女，很大程度上会将异性的认同当作是价值来源，因此，一个被人追求的女孩子，会感到被喜欢，被欣赏，被讨好，她一方面拒绝，另一方面却极享受这种做公主的感觉。而一旦追求者抽身离去,女孩往往感到失落、茫然,甚至开始为了找回过去的感觉而反过头来去追求对方。当然,我并不是将这样的答案强加在你的身上,但却希望能启发你去了解自己的内心,对"喜欢上他"有一个更清醒的认识。

好啦,不管怎么说,错过一个人,错过一段情,心里有隐隐的失落和哀伤都是再正常不过的。只是,我们需要面对一个现实——我们的人生就是一个不断和过去的某些往事说"拜拜"的过程。唯有此,再往前走时,才能步履轻松。你觉得呢?

李玲

### 青春期恋情的三大主要特点

朦胧性:少男少女之间的感情具有独特的朦胧性。之所以说它朦胧,是因为处于半成熟半不成熟的少男少女还没有懂得什么是真正的爱。真正的爱不仅仅是一种情感,更是一种责任和义务,是一辈子的承诺和关怀。这些认识,青少年通常还不具备。

盲目性:少男少女往往是只凭自己的情感需要或某些感觉或某些看法而开始恋爱的,几乎没考虑自己应该找哪一种人,不该找哪一种人,带有很大的盲目性。有的只是为了排遣内心的烦闷与孤独,有的是为了面子,还有的同学甚至只是为了好玩和探奇而谈恋爱。这种盲目性常常使他们的恋爱没有方向,甚至走入许多误区。

不稳定性:青春期是人生重要的成长时期,也是生理和心理急剧变化的时期。随着年龄的增长和社会阅历的增加,青少年们的理想、志趣、爱好、性格等都会发生很大的变化,从而引起爱情观的变化。

# 暗恋的出路在哪里?

琳琳是一位性格腼腆的女孩子，说着说着话，脸就红了，然后不好意思地低下头，抿着嘴笑笑。我也冲她笑笑，等着她梳理思路，讲自己的故事。

"我最近脑子里好乱，经常想一些事情，上课总是走神，真是烦死了，我担心这样下去，成绩会下降呢！"

我递了一张白纸给她："你都想些什么呢？能不能写下来？"

"可多了，乱七八糟的，写什么呢？"

"就当现在是课堂，在接下来的十分钟，你将呈现在脑海的事情书写下来。不用管逻辑，也不用管语法，只是去书写就可以啦！"

琳琳点点头，拿起笔开始在纸上写字。

十分钟后，她将书写的内容交给了我。

我看到，在跳跃的内容中，频频出现与一个男孩相关的内容。

我问琳琳，那个男生是谁？

"隔壁班的班长，有一次考试，我忘了带准考证，急匆匆地回家去取，正好遇到他骑着自行车去学校，得知情况后，他带着我回家拿了准考证……"

"后来呢？"

"后来，我们就算认识了，见了面有时候会笑笑。他是班长嘛，对谁都挺好，但是我却禁不住总想他……"琳琳的脸上拂过一抹绯红，她的声音越来越小。

琳琳告诉我，她经常幻想一些与隔壁班长在一起的画面,会幻想着她坐在他的自行车后面,去春游。天空湛蓝,阳光明媚,漫山遍野的油菜花泛着金光,在林荫小道上,只有他们两个人,一路欢笑着,唱着歌,就像老电影里面一样……

类似这样的幻想,经常充斥着琳琳的脑海。她有时候觉得,隔壁的班长也是喜欢自己的,她寻找着他对待自己不同于其他人的蛛丝马迹,比如,对自己微笑的时候,会更灿烂,有时候,从对面走过来,他早早地就开始对自己笑……但是,有时候,琳琳则很失落,她觉得隔壁班长其实就是个万能胶,跟谁都合得来,也很热心,谁有困难,他都会慷慨地帮忙。当琳琳意识到自己在他心目中其实没有那么特殊的时候,就很难过。

而最近发生的一件事情,就令琳琳更伤心了。

那天,琳琳回教室,在走廊上听到隔壁班的几个女生在跟另一个女生说,觉得班长喜欢她,而那个女孩嘴上否认,脸上却带着笑容。琳琳的心立刻如同刀绞,她悄悄地瞪了一眼这几位女生,正准备从她们身边走过去。这时候,她喜欢的男生从教室里走出来,琳琳以为,他一定会去澄清他根本就与这位女生没有关系,没想到,班长轻轻一笑,竟然顺势站到了那位女生的边上,和她们聊起了天。琳琳的心破碎了,她低着头,急匆匆地从他们身边走过,眼泪悄悄地在心中流淌。

琳琳讲到这些时,低着头,不停地将自己手中的书包带折来折去,白皙的手指,指尖微红……

"您说，我该怎么办？我有办法让他喜欢我吗？我真的很喜欢他呢！"琳琳抬起头，无助地看着我。

我问琳琳："你觉得他喜欢什么样的女生？"

琳琳望着我："我觉得那天她们的话不是空穴来风，他好像就是喜欢那个女生呢。开朗、清纯、精致……"琳琳停下折叠书包带的手，一一清点着那个女生的优点。

"你很善于发现别人的优点呢！"

琳琳轻轻叹了口气："唉，反正她有的优点，我没有啦！"

"是的，可能她的有些优点，你没有，但是你有没有发现，你的很多优点，也是别人没有的呀？"我对琳琳说。

琳琳微微一愣，继而犹豫着点了点头。

我递了一张纸给她，让她写下自己的五条优点。琳琳很快就写完了："真诚、善良、热心、认真、温和……"

我笑着夸她写得不错。

琳琳的眼眸中滑过一丝失落："可是，又有什么用呢……"

后半句她没有说出来，我知道她要表达的是，自己即便有这些优点，隔壁的班长也不喜欢自己。我告诉琳琳，爱情的确是一件两情相悦的事情，而这个悦，有时候是能靠努力争取的，有时候则没有办法靠努力争取，是否对对方有感觉，有时候是很微妙的一件事情。

"但是，这并不代表我们不可以以此为动力来不断地提升自己啊！"

我建议琳琳写下三个目标，这三个目标分别是学习目标、生活目标、个性成长目标。比如，学习目标可以是将语文成绩提升到 90 分以上……

"可是，你刚才说了，这可能是一件没有结果的事情！"琳琳看着我说。

"是的，也许这份爱情没有结果，但是成为更好的自己是件可以有结果的事情啊！"

琳琳点点头笑了笑，拿起笔。

是的，成为更好的自己，是暗恋最好的出路。借由此，我们可以不辜负这份青春的心动，也不辜负自己青春的时光，同时也不辜负爱过的欢笑和泪水了……

**走出暗恋"三步曲"**

承认自己在暗恋：承认如同脚踏大地，只有在承认的基础上才能改变。

与更多的朋友交往：与更多的朋友交往能够将注意力分散开来，而不仅仅是盯在一个人身上。

发展所长：发展自己的优势强项，能避免陷入自我贬低当中，进而避免自我否定的痛苦。

# 被喜欢的人出卖

信件

老师：

您好。我是一个很内向的女孩子，被老师和同学当作乖乖女。上初中不久，我喜欢上了班里的一个男生。他学习一般，但长得很阳光，也很爱打篮球。我也不知道哪里来的勇气，不久前竟然给他写了一封信，表白了我的心思。在信里，我告诉他我喜欢他，同时，也希望他能好好学习。我真的想象过很多次，希望和他手牵手走在大学的校园里。

我原本以为我的真诚可以换来他的真诚，可是没想到的是，他把这事告诉其他的男生。今天经过走廊的时候，有几个调皮的男生在冲着我吹口哨，还有一个男生怪声怪气地模仿我信里说的话。那一刻，我真是无地自容，恨不得找个地缝钻进去。

老师，我现在真的很尴尬，对他更是说不清的感受，有爱，有恨，有怨，而且，一想到去学校，我心里就有些胆怯，我该怎么办？

烦恼女孩：珠珠


珠珠：

你好。读了你的信，很能理解你的心情。

喜欢那位男生，一直是你心中的一个秘密，可是受某个情景的触发，你想让心中的秘密见见阳光——于是，你给男孩写了信。

你期待他既能明白你的心迹，也能珍惜你的情感，同时，还能像你一样，小心翼翼地保守这个秘密，直到有一天，时机成熟了，你和他一起去收获秘密的果实。然而，这似乎只是你的一厢情愿，得到秘密的他，却将秘密告诉给了别人，期望与现实的落差，让你羞愧、生气，最关键的是，你感觉到了"背叛"，觉得他不珍惜秘密，不尊重你。而且，你还担心，别人知道了这个秘密会嘲笑你，这多多少少让你高傲的自尊心有些受挫……仔细地品味内心，是不是这些滋味都有一点点呀！

不过，无论你的内心有多纠结，都请你相信，喜欢一个人没有错，美好的幻想没有错，而你鼓起勇气向他表白，也没有错。因为这都代表你的内心拥有欣赏、向往、希望等积极的情感。不过也需要明白，对方也是自由的人，他做如何的回应，是他的事情，与你是否优秀无关。明白了这些，你就没有必要因表达了心迹而羞愧了。

现在，我们来分析一下他泄露秘密的真实原因吧。我想，他的本意并不是不尊重你或伤害你，而是因为他还不够成熟，面对别人的欣赏，还没有学会恰当的处理方式。一时"得意忘形"，忽略了对方的感受，将秘密说给别人了。之所以说是"得意忘形"，是因为我们每个人内心中，都渴望被别人欣赏，被别人喜欢，处于青春期的我们更是如此，我们非常在乎异性对自己的印象。而一旦得知被异性喜欢了，那份被肯定的得意油然而生。而与别人分享这个秘密，很大程度上有着炫耀的成分——让大家都知道，他有多优秀，而且拥有自己的追求者。

　　这样的分析是不是让你觉得他有点"轻飘飘"的感觉？不过，这不是他的错，正是因为还不够成熟，还不太会换位思考，也不太会处理与感情有关的事情，所以，才弄巧成拙的。既然这是年龄使然，那就原谅他的做法，因为我们自己不也同样年轻吗？同时，还应该庆幸，你没有在无法把握感情的年龄不管不顾地扎到感情的旋涡中，而是将更多的期待放到了未来。

　　那么现在，就珍藏这份期望，踏实完成属于这个年龄段的任务。优秀的你，必将得到更多的欣赏和尊重。

李玲

### 被"出卖"后的心理复原

　　换位思考：换到对方的角度上想一想他为什么这么做，通常当看到他这么做背后的深层需求，你就可以理解对方，我们理解对方的目的不一定是为了原谅对方，最主要的是能让自己好受。

　　原谅自己：不必进行严厉的自我批评，严厉的自我批评只会让自己更痛苦。很多人认为自己太傻了，被捉弄了，实际上当你做出某一个决定的时候，在那个当下，那个决定就是最好的。

　　勇敢前行：把精力投入到自己该做的事情上，不要沉迷于后悔自责，也不要反复地去想这件事情，学会放下，学会去做有意义的事。

## 好朋友是个"大嘴巴"

信件

老师:

您好!

我有一个特别要好的好朋友,从上小学起就形影不离,后来上了中学,又分到了一个班。平时同学们都非常羡慕我们,说我们好得像一个人儿似的。我们俩确实很好,如果她有困难,我一定会毫不犹豫地帮助她。可是,就是这样的友谊,也是经不住考验的。

前不久,我将一个秘密告诉了这个好朋友,千叮咛万嘱咐让她不要说出去,她当时答应的好好的。可是,没过多长时间,班里的另一个同学也知道了这件事。我生气地跑去问她为什么不守信用,她开始吞吞吐吐说不是她说的,后来她说,她告诉那个同学时让那个同学保密了。我听了真的是特别伤心,她当时答应我不说出去的啊!虽然后来我原谅了她,但我心里一直特别扭,觉得连这么好的朋友都不能信任,还能信任谁呢?

烦恼的慧慧

慧慧：

你好。朋友泄露了秘密，的确是件让人生气的事情，不过，如果就因为这个就觉得朋友是不可信任的或者有种被欺骗的感觉，大可不必。你一定会说，这是为你的好朋友开脱。实际不是的，我是想告诉你一个事实：保守秘密的承诺是很难履行的。

人们之所以会泄露别人的秘密，和秘密会给我们的心理造成压力有很大的关系。心理学家研究发现，当一个人小心翼翼地将秘密讲给另外一个人时，那个听秘密的人已经开始承受心理压力了，所以，保守秘密的人潜意识里是很渴望将包袱甩掉的，很多人就会将他听来的秘密，再传给下一个人，压力一直传下去，秘密也一直传下去。到了最后，秘密就不再是秘密了。

由此推断，你的好朋友泄露了你的秘密，也可能是为了缓解这个秘密给她带来的压力，才这么做的。想想看，你之所以要把秘密告诉她，除了信任她之外，也是为了"说出去感觉轻松一些"吧！

我想，你的好朋友也会因为没有履行保守秘密的承诺而感到自责内疚呢。

最后提醒你，想试图让一个人永远为你保守秘密，真的是挺难的一件事情。要是真有了不可以让人知道的秘密，你可以选择把它写下来，或者用录音的方式记下来，或者去找专业的心理老师谈谈，甚至可以像电影里那样，对着树木、花、草和小动物倾诉。其实，很多时候不在于倾诉对象是谁，最关键的是我们能够倾诉，就能够在很大程度上给心灵减压了。当然，如果有些秘密也并非不能让人知道，那找好朋友倾诉是最好的选择了，毕竟，好朋友的关心和安慰可以给你更多力量的同时，她也会因被你重视和在乎而产生成就感！

李玲

**处置秘密的三个方式**

寻找专业支持：如果你心中的秘密已经让你不堪重负，去找心理咨询师诉说这些秘密是很好的方法。受职业道德及准则的约束，他们会通过专业手段处理来自别人秘密的压力，而不会四处散播。

向秘密无关者倾诉：在选择倾诉对象时，应尽可能选择与秘密事件不相关的人。比如与学校相关的秘密，就不适合跟同学说。

自我处置：倾诉对象可以是人以外的其他事物。比如你可以和你心爱的宠物、植物说，也可以在日记本、语音备忘录里说。

# 遭遇同学的非议和误解怎么办？

坐在咨询室里，晴晴的眼泪不止一次涌上来，她说她的内心委屈极了，她没有想到，事情竟然会变成这样，她现在一闭上眼睛，就是同学们三五个围坐在一起议论她的情形。这让她心里很难受。

在我的引导下，晴晴讲起了不久前的一件事情。

"这件事情与不久前的考试有关系，因为我是学习委员，经常会被老师叫到办公室协助一些工作，比如填写花名册，或者是帮助老师整理一些同学的错题集。

"有一天,我来到了老师的办公室,看到桌子上放着两张纸,纸上面是一些英语的题目,我平时对英语科目就特别感兴趣,看到这张纸上的题目很有意思,就抄了下来,回家认真地做了一遍。第二天,我还将其中一两个题目,与几位同学一起分享了。

"没过多久,就考试了,没想到,英语试卷和这些题目一模一样,我也因此获得了满分。

"但是麻烦也由此产生了,那几个好朋友说,我之所以考得好,是因为窃取了题目。而且,还由此延伸出很多子虚乌有的事情,比如有人直接问我'晴晴,那你数学90多分,不会也是看了老师的试卷吧!'我听大家这么说,简直是无地自容,恨不得找个地缝钻进去。"

晴晴说着,眼睛又红了,她对咨询师说,现在自己的心头像是压了一块大石头,整天闷闷不乐,连学习成绩也受到影响了。

人生来就不是一座孤岛,每个人都渴望被接纳,被认同,在别人的接纳和认同中我们安全感、归属感、自尊感等心理需求才可以得以实现。但是,如果我们将一些来自别人的随意性和不确切性的议论当作一种评价体系时,难免会让自己陷入被动和痛苦的状态,结果束缚了自己的才华,使自己陷入烦恼。

晴晴现在遇到的情况即是如此,因为她完全被动地被别人的评价所牵动,所以内心非常苦恼。

为了帮助晴晴走出这样的苦恼,我与她一起分析了非议她的同学的心理:"非议别人的人内心可能是脆弱的,实际上,那些喜欢用语言攻击别人的人,他们的内心本来就是脆弱的。他们羡慕别人的成绩、别人的表现,但是自己又没有能力和自信来取得同样的成绩,于是,便通过制造和传播谣言来达到心理平衡的目的。流言实际上是他们因为嫉妒别人而采取的一种补偿方式。"

晴晴说,她第一次意识到,原来非议她的同学,并不是她想象得那么强大。

我还告诉晴晴,其实很多传播非议的人,实际上是缺乏主见和独立判断问题能力的人,他们害怕被群体否定,因此,一旦有好事者挑起谣言,他们便随声附和,以求得别人的认同。

在我的引导下,晴晴也意识到,实际上非议她的也就两三个同学,其他的同学就是随大流。

为了帮助晴晴走出困惑,我教给晴晴一些面对非议的方法。

首先,要善于克制自己。当我们听到有关自己的非议时,一定会产生一系列强烈的情绪反应,打破了原来的心理平衡,因此要尽量避免在这时马上采取行动。这个时候应该等心里的风暴过去以后,再作下一步打算。面对非议的传播者,如果我们无法和他解释什么,干脆不要去在乎好了,要知道,除非你自己愿意倒下,否则没有人能打倒你。

另外,及时调整由于听到非议而引起的消极情绪。疏泄消极情绪有两类方式：一类是听其自然，一类是自我控制。听其自然的方式包括用眼泪来流泄，或独自在心里进行对话，求得疏导。自我控制的方式是运用自制力把消极情绪转移掉，如听音乐、看滑稽戏、看电影、郊游、画画等。通过这些活动，能使心理平衡得到恢复。

咨询师还告诉晴晴，当我们被误解时，还未向对方进行澄清之前，最好找一个或几个你最信任的人，讲明事情的真相，共同分析造成误解的原因，然后再找出消除误解的办法。

事实上，克服非议的最好办法是漠视它、保持自己的个性、努力实现自己的抱负。非议制造者所期望看到的就是他的流言起了作用，让别人乱了分寸，这时，他制造非议的价值才得以体现。但糟糕的是，一件事情，如果得到强化，它出现的频率就会增加。如果我们的反应强化了他非议的效果，他将会更热衷制造非议。相反，如果我们不去在乎，保持真实的自己，这是对非议制造者最大回击。他会感到没趣而自行收场。更何况，青春宝贵，我们要将精力用在更有意义的事情上。

晴晴听了我的话，脸上露出了笑容。

我在心中默默祝福晴晴，希望晴晴的青春，如窗外的阳光般明媚灿烂。

❀
亲而有间,然则温暖

生活镜头

### 壹 为何性格热情人缘不好？

说起张淼淼，认识她的人对她的评价基本都是"热心""开朗""不爱记仇"，按理说，这么多的性格优点，一定是人缘不错了。但实际上，张淼淼的人缘并不好。只要和她相处一段时间的朋友都会觉得她有点烦人，会找各种借口躲着她，拒绝她。

比如班里的同学总是三个一群五个一伙地结成特别要好的小群体。有时候，大家几个人正在一起说悄悄话，一看有别人过来，大家声音就压低了。但张淼淼很好奇，非要凑过去问问："你们刚才说什么呢？""你们刚才是不是说某某某呢？"大家敷衍着，都不太想搭理张淼淼。

一来二去，张淼淼就为自己的人缘差而伤心了！

### 贰 热心帮人也有错？

毛晓娜性格属于大大咧咧自来熟的那类，一周前班里转来一个新同学米莉莉，因为是同桌，毛晓娜很快就和她相处得像老朋友一般。

有一天天气突变，米莉莉穿的衣服很薄，毛晓娜便把自己的外套借给了米莉莉，后来米莉莉要还她，毛晓娜却硬要将外套送给对方，说她披上要比自己披上好看。米莉莉推辞不掉，最终不得已接受了。

毛晓娜虽然热心，但做事过于不拘小节。比如两个人一起在食堂吃午餐，毛晓娜总爱到米莉莉的餐盒里去夹菜，米莉莉买了什么小挂件，毛晓娜也会很"不客气"地据为己有。因为毛晓娜曾送给自己一件外套，米莉莉也就不好说什么。有一天下课后，毛晓娜到米莉莉宿舍玩，竟然将米莉莉书架上心爱的书翻了个遍。

从那以后，米莉莉开始躲着毛晓娜了。而毛晓娜则很纳闷：自己到底哪里得罪了米莉莉呢？

### 心理点评 破坏心理疆界，丧失好人缘

无论是张淼淼还是毛晓娜，导致好人缘丧失的重要原因，都是破坏了对方的心理疆界所致。

我们心灵和领土一样，也有一道疆界，将别人与我们自己隔开，以保持自己的个性空间。如果对方尊重了我们的心理疆界，我们就会感觉到舒服而且安全，就会愿意与对方继续交往下去，反之，如果对方侵占了我们的心理疆界，我们就会感觉到压力和不安全，进而对对方产生排斥反感的情绪。

当然，我们的心理疆界，在不同的人面前，不同的场合面前，是不一样的，具有很强的主观性。而且，不同性格，不同经历的人，心理疆界往往也不同。

上文中的张淼淼，忽略了只有特别要好的朋友间才愿意分享秘密的人际原则，她的热情和好奇，让大家觉得被窥探，虽然她并无恶意，但大家会觉得被冒犯了。

实际上，任何一个小团体，都对非团体成员，持有一定的戒备之心。想要融入大家，需要付出时间的成本，也需要循序渐进地获得信任。而张淼淼冲上去就窥探秘密，很容易激起大家的防范，进而对她产生排斥。

而大大咧咧的毛晓娜，既热心又不拘小节的性格，成了侵犯对方心理疆界的"罪魁祸首"。

在认识不久，就将本来是借给对方的外套送给了对方，看似是热情的行为，对对方来讲，却很可能是一种心理压力。因为按照人际关系的互酬性来讲，这意味着对方需要付出同等的代价才能维持彼此"付出"与"得到"的平衡。对大多数人来说，在初建立不久的人际交往中，保持表层而客套的交往模式，会感觉舒服一些。显然，毛晓娜的热情破坏了这一原则，让米莉莉感到不舒服。而毛晓娜接下来的行为，更是破坏了米莉莉的心理疆界。出于"还债"心理，米莉莉屡屡不好意思拒绝毛晓娜的行为，但心里被"冒犯"的感觉是客观存在的，这就导致了最后对毛晓娜心生厌恶，想要疏远的情感和行为。

看来，在人际交往中，适度地把握心理疆界，并尊重对方的心理疆界，往往比热情付出更重要。

## 心理支招 尊重别人的心理疆界

保持恰当的空间距离：与亲密的人比较接近，与陌生人比较疏远，空间距离常常反映着我们的心理疆界。所以把持好空间距离，也有助于把持好心理疆界。一般来讲，空间距离可以分为"公共距离""社交距离""个人距离""亲密距离"四种。公共距离最远，一般要在3米以外；社交距离保持在1米至3米，是指那些与自己关系不大的人交往，比如参加某个会议临时认识的人；个人距离是45厘米至1米，通常我们的熟人和朋友多采用这种距离，这个距离正好是伸手可以握手，但不至于触碰到对方身体的距离；而亲密距离是最近的距离，一般在15厘米和45厘米之间，甚至是0距离，这一般是夫妻、恋人、亲子或是特别亲密的朋友之间的距离。如果不属于这个范畴，这样的距离会让人很难受，觉得被冒犯。

遵循循序渐进的交往法则：一份稳定的人际关系的建立，通常要经历好几个过程，从最初的刚刚相识，到之后的稍稍了解，到愿意稍作自我开放，再到比较多的自我开放，这需要很长的一段时间。如果"自来熟"的一方，不遵循这个发展规律，试图一下子和对方建立很密切的关系，常常会适得其反，让对方产生厌恶感。

另外，由于每个人的心理疆界不完全一样，我们在大体遵循这个原则的同时，还要遵循对等原则。比如，你愿意靠近对方，可对方的反应是什么？也同样愿意靠近你吗？如果对方发出的信息是拒绝的，那我们应该稍稍"退后"，以避免冒犯对方的心理疆界。

尊重别人的隐私：除非是亲密的关系，比如对方主动把隐私告诉你，否则的话，不要主动去打探对方的隐私。同时，也要尊重对方的隐私场所和用品，比如到别人家做客，未经邀请和允许，最好不要进入厨房和卧室。另外，也不要向对方借化妆品或贴身衣物。越是与肌肤接触的用品，越具有隐私性。

# PART 3

家庭关系

**请给我有尊严的爱**

# 面对即将破碎的家庭，我该怎么办？

信件

老师：

您好。

在此之前我是一个很幸福的女孩子，学习成绩不错，长得也蛮漂亮的，在家父母疼，在学校老师宠。可现在美好的一切都结束了，我马上就要成为一个单亲家庭的孩子了。我不敢想象，失去了爸爸或者妈妈我该怎么办？

自从三个月前，妈妈发现爸爸有外遇后，我家就陷入了没有休止的争吵之中。爸爸提出离婚，妈妈开始不同意，但是不久前，妈妈同意离婚了。一想到以前和和美美的家，就要变得四分五裂了，我的心里别提多难受了。我想让爸爸妈妈和好，可我又不知道该怎么办？一想到我很快就要成为一个没人疼爱的孩子了，我的心里好痛苦，好害怕……

想哭的娟娟

娟娟：

你好。很能理解你悲伤的心情，原本和美的家庭就要破裂了，放在谁身上，都是非常伤心的事。你在信中将自己称为"想哭的娟娟"，我想，在漆黑的夜里，你一定悄悄地流过很多泪水吧，在难过的时候，给自己哭的权利，可以让内心好受一些。

你说你"很想让爸爸妈妈和好"，可又不知道怎么办。

我很理解你这个愿望，但是，父母都是成年人了，他们有自己的思想感情，有自己对未来的打算。既然做出离婚这个决定，他们肯定是有自己的理由的。

你可以找爸爸妈妈聊聊天，告诉他们你心中的愿望和担心。如果他们的情绪比较激动，你可以分别与他们单聊，也可以通过写信的方式，去表达内心的想法。

无论他们是怎么样的回应，你都有权利去表达自己内心的感受。

当然，表达内心的感受，并不代表你能为他们做决定，也不代表你能调解他们的矛盾。

如果到了非离不可的地步，你的调解不但无济于事，反倒会增加父母的痛苦。建议你不要过多地参与到父母的感情风波中，无论他们的婚姻发生了什么，都不是你的错！你是他们的孩子，但没有谁可以要求你去背负他们婚姻的负担。

说到这里，你一定会有一个担心了，那就是"你从此就是一个没人疼爱的孩子了"。对于这个观点，我很不同意。父母感情破裂，的确是件令人心碎的事情，不过，这绝对不代表他们不爱你了，你是父母共同的女儿，无论发生了什么事情，他们对你的爱都是一如既往的。

现在的你，应该尽可能多给父母一些慰藉，如照顾好自己的生活和学习。也许在一段时间内，父母由于沉浸在痛苦之中，对你的关心少了一些。但这只是暂时的，不代表他们不爱你了。很多孩子以为父母不爱自己，便用一些极端的手段来引起父母的注意，比如说，结识坏朋友、让学习成绩下降、与父母作对……要知道，这些行为只会让你和父母都更痛苦，而对解决问题丝毫没有帮助。

另外，你的生活中有了困难，也要及时向值得信任的老师或家人求助，相信他们都能帮助你尽快地平复情绪。

最后，我想对你说的是，我们遭遇的任何一种不幸，除了能带给我们痛苦之外，还可以带给我们成熟。我相信你有力量走过心灵的阴霾，在花季的年龄里拥有快乐和阳光。

李玲

### 怎样走出家庭破碎的痛苦

表达真实的想法：把你内心真实的感受，告诉爸爸妈妈，也可以给他们写信表达你的想法。

避免卷入矛盾：尽可能地少卷入父母的矛盾当中，不去承担父母感情的重负。

避免陷入受害者情结中：每个人的人生都会遇到不同的挑战和难题，无论你遇到了什么，都不要把自己定位成一个受害者，而是要成为一个积极面对、积极生活的人。

## 妈妈偏心姐姐，我好伤心

"我就知道妈妈永远是向着她说话的,我讨厌她,讨厌这个家!"咨询室里,宝丽依然控制不住地流着眼泪。

宝丽说,就在昨天,她和妈妈发生了一场很激烈的争执,原因就是她觉得妈妈太偏心姐姐了。

"她是为你好啊,你怎么可以恨她呢?"宝丽说,这是妈妈最常说的话,哪怕是姐姐真的伤害了宝丽,妈妈也会这么为姐姐开脱。

昨天,当姐姐弄破了宝丽最喜欢的一条牛仔裤,还不肯道歉时,妈妈又这么说,宝丽忍不住了,她愤怒地对妈妈说:"我不用她对我好,她以为她是谁啊,你既然生了她干吗还生我?我知道我在这个家里就是多余的!"愤怒和委屈决堤般地向外涌。宝丽恨恨地夺门而出,那一刻她想让所有的人都知道,她受够了!

深秋的夜风夹着寒意吹过,泪水流过的脸颊被皴得生疼,宝丽漫无目的地走在大街上,脚下的枯叶"沙沙"作响,凌乱而孤寂。手机的铃声在空旷中分外刺耳,屏幕上不停地闪现着"老姐"。果然,母亲在最无助的时候,又是最先想到了她的大女儿,这让宝丽更加失落和绝望。她狠狠地挂断了电话,短信又席卷而来了——"你快回来,穿那么少你想感冒啊!""你怎么这么不懂事,能不能让妈省点心"……看着这样的短信,稍稍平复的怨气再一次被激起,感觉胸口快被撑炸了,宝丽真是受不了这个多事而霸道的姐姐了。

"我常常想,如果家里只有我一个孩子,我一定是父母的掌上明珠;如果我有一个哥哥或弟弟,我一定备受宠爱,就算有一个妹妹也好,她一定接受我的指挥。可是我偏偏有一个姐姐,一个刁蛮而强势的姐姐。"

宝丽说,自己与姐姐的不平等从记事起就开始了,她皮肤白皙、长相俊俏、嘴巴伶俐、人见人爱,而宝丽却恰恰相反,普通至极的长相再加上拙于表达的天性,让宝丽觉得自己就是陪衬红花的绿叶,是翩翩起舞的白天鹅身旁的那只丑小鸭。

宝丽讲到一件很令自己伤心的事情:"那一年我大概六七岁吧,我清晰地记得那一天是我的生日,我和几个小伙伴正在我家的院子里玩耍,一位叔叔来了,脖子上挂着一个照相机。叔叔说可以给我们拍张照片,大家听了开心极了。

"我悄悄地数了一下小朋友,加上姐姐一共八个人,那时候我对白雪公主的故事最痴迷,我多么想在我生日这天做一次白雪公主,当然若是能戴上妈妈那顶蕾丝花边凉帽就完美了,可我知道妈妈是不允许的,她总是怕我们把那顶洁白的帽子弄脏了。在叔叔给大家排队的时候,我绕过叔叔的手,蹭到队伍的中间,在我的想象中,漂亮的白雪公主一定是会被小矮人们簇拥着的。

"就在叔叔说着'很好很好'即将按下快门的时候,妈妈喊着'等一下'冲了出来,手里拿着那顶漂亮的蕾丝凉帽,我的心激动地跳着,等待这顶帽子落到我的头上。可是妈妈的手绕过我的头顶,将帽子放在了姐姐的头上,又轻轻地帮她理了理辫子。那一刻，失落就像锋利的刀，将我幼小的心戳得千疮百孔。小朋友们都把目光聚集到了姐姐的身上，有人在喊：'好漂亮啊，像白雪公主一样！'

"'和妹妹换一下，站到中间！'叔叔指挥着。

"姐姐欢快地站到了我的位置上，我则像一颗灰溜溜的土豆被挤到了旁边。照相机的快门咔嚓按下，我再也控制不住委屈的泪水。后来每每看到我生日时留下的这张照片，我会很委屈。"

"你这些想法，对妈妈说过吗？"我问宝丽。

"我才不会告诉她呢，好像我多求着她爱我似的。"

"那你不告诉她，你会怎么做？"

"我……"宝丽想了想。她平时会故意和妈妈作对，以表现得不那么需要妈妈。

"但是实际上，你很渴望被妈妈关心，对不对？"

宝丽的眼泪再一次打湿了眼睛，她哽咽着点头。

宝丽对姐姐的反感，主要来源于竞争关系的失衡。心理学家认为，即使是亲姐妹或者亲兄弟，他们之间也是存在竞争关系的，而这种竞争最初是为了争夺父母的爱而产生的。

对于小孩子来讲，父母的爱不但能给予他们安全感，而且也是他们信心的重要来源，他们从父母的态度中，去判断自己是否是受欢迎的，是否是可爱的。而任何一个孩子一旦拥有一个与他们分享父母爱的兄弟姐妹时，他们就会将对方当成一个参照物，去对比父母是不是更喜欢对方，对方是不是比自己更能干、更优秀，由此形成嫉妒情结。

对于宝丽来讲，由于父母没有很好地协调好两个女儿之间的关系，造成宝丽被忽视的失落心态。宝丽认为，是因为姐姐，所以自己才被忽视的，她一方面感觉自己不如姐姐，另一方对姐姐产生了嫉妒和敌意。因此，对于姐姐的行为她会出现"选择性消极关注"，即不能敏锐地感觉姐姐的好，而对于姐姐对自己不好的地方却特别关注，甚至主观放大。

虽然确实有些父母很难做到一碗水端平，但事实上他们对孩子都是有爱的，而且会以不同的爱的方式去对待不同的孩子。

因此，要想让自己觉得好受些，最好的办法是能发现自己的独特性。

接下来的咨询，我帮助宝丽找了她自己的优点，并且让宝丽认识到，自己就是那个独一无二的自己，因为自己的独一无二性，与别人的互动关系也是独一无二的。

另外，咨询师也建议宝丽在家庭中多承担责任，比如说，多参与家务，多关心家人，因为家庭成员对家庭的贡献，会决定着她的价值感，也决定着她在所属环境中的位置。

当然，与家庭成员沟通自己的想法，表达自己的需求也是需要的。有时候，对方对待我们的方式未必是我们需要的，但是对方又不知道我们渴望如何对待，因此，表达清楚自己的需求是很重要的。比如"妈妈,我希望你能像对姐姐那样对我说话"。

为了帮助宝丽拆掉横在自己和姐姐之间的墙,我也建议宝丽能够看到姐姐对自己付出和帮助,每日养成写感恩日记的习惯。同一件事情,我们看待的角度不同,获得的体验就不同,与家人的关系亦是如此。

**走出家长"偏心"的困扰**

正面表达自己的需求:把内心那些渴望被父母重视、渴望被父母关注的想法正面表达给父母,让父母知道你的需求。学会正面表达需求,是一个人心智成熟的标志。

积极争取:多关心家人,多承担家庭责任,争取成为一个重要的家庭成员。

学会感恩:每个人与他人互动的模式都是独一无二的,尽可能减少与别人的互动模式比较,在自己与父母的互动中,感受父母对自己的关心,并且要学会感恩。

# 妈妈的爱，让我好有压力

老师：

您好！马上就要期末考试了，我妈妈放在我身上的精力更多了，每天换着花样给我做好吃的不说，还买来很多补脑的杏仁、核桃督促我吃下去，在穿衣服上也是特别注意，生怕我因感冒而耽误了期末考试。结果越怕什么越有什么，我最近闹肚子，这真是急坏了妈妈，她带我去看医生，却没检查出什么问题。

老师，我也说不清楚怎么了，就是特别怕考不好，辜负了妈妈，你说我该怎么办呢？

为爱烦恼的月月

亲爱的月月：

你好！

很能理解你的心情，说到爱，我们都认为是美好的东西，但是，一旦爱得过了头，确实会给我们带来不小的压力！比如说，你的肚子疼，与妈妈给予的"暗示"有很大的关系，妈妈过于小心在意的行为让你觉得自己是个"娇气娃娃"，于是，偶尔的一点不适，很可能会用夸张的形式表达出来，来"迎合"母亲的关注。同时，由于妈妈的过度关注，我们一旦遇到自认为解决不了的困难时，也容易出现躯体化的反应，以此来作为逃避困难的借口。

所以有时候啊，家长真的有可能是帮了倒忙呢！

比如说，有的家长会转嫁焦虑。一到孩子考试的时候，自己先焦虑了起来，担心孩子考不出好成绩。孩子一些明明很正常的行为都会引起他们的焦虑。比如一个小男孩正在用和平时一样的速度洗脸，妈妈却在一旁督促"磨磨蹭蹭的，能不能快点啊，要是考试也这么慢，那怎么了得？"家长这种"杯弓蛇影"的做法，会传递给孩子一个信息——考试很严重！这无形中增加了孩子的心理负担。

还有的家长会用错误的方式鼓励孩子。比如"你这次考试一定不能低于 90 分。""上次小强比你分数高，这次你一定要超过他！"很多家长想通过这种"加压"方法来激励孩子，殊不知，这会让孩子对考试的理解出现偏差。很多孩子，会因为害怕"输"而惧怕考试，这样的心态，会对孩子造成很不利的影响。

还有的家长会过度唠叨"怎么就吃这么点东西,得多吃点。""文具盒又乱扔,找不到了怎么办?"很多家长习惯了这种唠叨的方式,当孩子面临考试时,更是生怕什么事情没有嘱咐到,于是变本加厉。殊不知,这个时候,由于"心理饱和",家长的提醒不但起不到作用,反而会扰乱了孩子复习的心境。

也有的家长会过度包办干涉。很多家长在临考试的时候,加强了对孩子的"看管",孩子在做作业,家长就坐在边上,一会儿指出错误,一会儿提出建议。这种做法极大地破坏了孩子的思路,同时容易滋长孩子的依赖性,削弱孩子独立学习思考的能力。

我们说这些家长帮倒忙的行为,并不是要去责怪自己的爸爸妈妈,而是让我们认识到,其实爸爸妈妈也是人,他们也有很多做得不恰当的地方。

那么,对于爸爸妈妈的过度关心,我们该怎么做呢?

首先,可以将自己的感受直接表达给爸爸妈妈。以平静温和的态度告诉爸爸妈妈,他们这么做,你确实感觉到了更大的压力,鼓励爸爸妈妈放松一些,这样你会更放松。注意,这里在强调用平静温和的态度哦。要知道,我们只有用平静温和的态度去与对方沟通,对方才能明白我们的心意。如果我们表现得不耐烦,或者对父母顶撞,他们是很难真正明白我们内心想法的。

当然,我们也可以主动提出一些方法,让爸爸妈妈来给予我们支持,这样,爸爸妈妈的爱,也就有了一个很妥当的安放了。

比如，请爸爸妈妈一起来保持"平常心"。告诉爸爸妈妈太过在意自己的状况，反而会让自己失去信心。请爸爸妈妈先稳定自己的情绪，以平常心来面对考前生活。学习疲劳后，也可以请爸爸妈妈陪伴自己做做运动，不仅可锻炼身体，也是排解压力的好方法。

再比如，请爸爸妈妈给予健康饮食的支持。为了让我们应考时发挥最佳实力，父母最大的贡献之一即是健康均衡的饮食。除此之外，安静舒适的学习环境也很重要，如果我们在书房奋笔疾书，而他们仰天大笑看着各类综艺，我们心里肯定是不舒服的。另外，保证充足的睡眠时间，可以让我们备足体力和抵抗力。把自己的这些需求告诉爸爸妈妈，相信他们是可以给我们提供支持的。

另外，也可以请爸爸妈妈帮助建立考试清单，比如：邀请爸爸妈妈与我们一起列考试用品的清单，让他们在考试前一天晚上协助我们进行检查和补充；也可以提前多了解几条到学校的路线，以应对可能出现的堵车等意外情况。

这样一来，既让爸爸妈妈充分表达了对我们的爱，同时也避免了他们的爱让我们产生多余的压力。

最后想对你说的是，每个人都渴望自己的爱被看到，都渴望自己的价值被肯定。爸爸妈妈也一样，如果我们感受到了爸爸妈妈的爱，千万要记得，对爸爸妈妈的付出表达感激哦！

李玲

### 如何面对爸爸妈妈的过度关心

主动沟通：告诉爸爸妈妈，你需要什么样的帮助和支持，并且说出他们的哪些行为会带给你压力。

一起制订支持计划：和爸爸妈妈一同制订支持自己的计划，让爸爸妈妈帮忙帮到点子上。

及时反馈：接受爸爸妈妈的支持后，要及时地反馈你的感受，让爸爸妈妈认识到自己付出的价值。

# 妈妈,你在帮倒忙

小苏是因为和妈妈的矛盾而走进心理咨询室的。一进心理咨询室，妈妈的眼圈就泛红了，妈妈说小苏现在对自己的态度特别不好，因为一点小事就会顶撞妈妈。妈妈觉得自己工作很辛苦，为了孩子回家能吃到有营养的饭，进门顾不上休息就开始给孩子做饭，平时还要加班加点，就为了能在小苏假期的时候攒到年假，带着她出去玩。但是孩子越长大，妈妈越失望，现在小苏对自己连个好脸色都没有。

小苏则觉得，妈妈做事情没有原则，说的话没有分量，什么都说不到点子上，因此她不愿意听妈妈说话。

"你能举个例子说说，妈妈的哪些话是没有分量的？"听到我的话，小苏竟然流泪了。她说，不久前，学校组织舞蹈大赛，她也报名了，但是由于自己基础不好，所以她的表现并不好，还惹来了同学的嘲笑，对这件事情小苏觉得特别的受伤害，而妈妈在这个过程中，没起到积极作用，反而帮了倒忙，她为此特别生气。

小苏告诉我，她每次排练完舞蹈都请妈妈反馈意见，妈妈每次都说她练得不错。有一次排练时，明明有个动作大家都做得好，小苏却做不好，实际上在练习的时候，她就非常的受挫，大家能做的动作小苏却做不了，可是妈妈依然说："孩子你表现真棒，你很好！"其实听到这样的话，小苏很反感，她觉得妈妈很虚伪，在骗她。而到了正式比赛的时候，小苏的表现也没有达到自己的预期。现在小苏觉得如果妈妈当时能够给她一些真正的支持,现在就不至于这么丢人了,因此她心里对妈妈有很大的意见,对妈妈说的话她什么都不愿意听了。

妈妈也承认的确有这么一件事。妈妈说,其实从心里她很想支持女儿,但是不知道该如何支持,而且觉得女儿学习压力这么大的情况下,还去参加舞蹈比赛,本身就不容易,她不想再打击孩子,所以就不停地鼓励她,没想到孩子却不这么认为。

处于青春期的我们已经不再像是小学生或者幼儿,听到一个"你最棒"就能非常开心,我们实际上需要具体的支持,更多时候我们的成就感和价值感是来自于挑战困难、获得成绩。当父母真诚地指出我们的问题,并能跟我们一起想办法解决问题,才是对我们最大的支持。

而对小苏来讲,她需要明白妈妈说谎不是想骗她,而是出于对她的保护、关心和爱,妈妈的出发点是好的,只不过妈妈缺少一些正确的方法。这个时候,就需要小苏主动讲出自己的心理需求。

我请小苏母女俩重新演绎那天小苏练习完舞蹈的情境。我请小苏用正确的表达方式去请求妈妈的支持,小苏想了想说:"妈妈,我正在练习舞蹈,我很渴望进步,希望得到您真诚的意见!"

妈妈回应说:"孩子,妈妈看到你很努力,进步也很大,不过在这一点上,你可以这样做……"

小苏听得非常认真,她觉得妈妈的真实反馈对她就是一个极大的帮助,小苏和妈妈都表示在以后的生活中,要用这种非常坦诚的沟通方式。首先小苏要能够向妈妈说明自己需要什么样的支持；其次，妈妈也要把小苏看成是一个能够经得起风雨、不断成长的孩子，而不是一个永远需要保护的小宝宝。

青春期是一个发展迅速的年龄阶段，孩子和父母只有相互理解，用心沟通，才能成为彼此的陪伴。

**争取到父母恰当支持的好方法**

正面表达：把自己渴望得到的支持告诉父母。

积极反馈：得到父母的支持后，要及时向父母反馈你收到了支持，使得父母进一步明白，他们什么样的支持才能更好地帮助到你。

相互理解：没有人能完全理解一个人的内心需求，当发生误会后，要换位思考，才能积极地理解对方。

# 学会拒绝比妥协更重要

## 无尽压抑,使她选择自白

夏小潇有着南方女孩特有的温婉清秀,举手投足间流露着良好的素养。夏小潇的人缘也很不错,在很多朋友心目中,她是一位通情达理、温柔细腻的女孩子。按理说,这样的女孩子应该过得很开心才对,可是……

"我觉得自己活得特别累,每天都带着面具生活!"说这些话的时候,夏小潇的情绪明显有些激动。我看到,晶莹的泪水在她那蝴蝶翅膀般的浓密睫毛下闪闪发亮。

我轻轻地点头,表示对她的理解:"的确是这样,面具虽然是无形的,却让戴着它的人疲惫不堪。"

听了我的话,夏小潇的泪水止不住滑落了下来,她一边从书包里拿出面巾纸轻轻地擦拭着泪水,一边向我述说着她内心的困惑。

## 其实,她很在意

"我曾经认识一个女孩子,说话特别直。比如她看你的衣服穿得不好看,马上会指出来。如果她对你有意见,也会毫不留情地说出来。周围的人都不太喜欢她,但说真的,我却是非常羡慕她的。毕竟她敢于表达自己的观点,活得很真实、很自我,而这些是我无法做到的。

"我觉得自己活得很窝囊,连对别人说个'不'的勇气都没有……大家可能觉得我这个人宽宏大量,不爱计较,其实我心里是很计较的,只不过是不敢表达罢了。

"前不久,我刚买了几本新书,结果有同学到家里来,说想借回去看,可是我还没看呢,我心里不乐意,但不好意思拒绝,就很爽快地答应了,但后来我心里难受了好久呢!"

这时,无奈的表情爬上夏小潇的额头,两条弯弯的柳叶眉轻轻蹙起。"您是不是觉得我这个人很斤斤计较啊?"她不好意思地问我。

不等我回应,她又接着说:"其实我也是鼓足很大勇气才袒露这些的,我身边的同学绝对不知道我有这些想法的。"

"听你说了这么多,能感觉你很在意别人的看法,生怕让人失望,给人留下不好的印象。"我说道。

"您说得对,我就是这样的。而且从小就这样。"

## 严厉的单亲教育

在我的引导下,夏小潇讲了一些童年的故事。

"我父母在我八岁的时候就离婚了,一直是妈妈带着我。记得刚和爸爸离婚时,我们的经济很拮据,可是妈妈怎么也不愿意接受别人的帮助,一个人挺着,就算在家吃不饱饭,但出去后也会装得很风光的样子,妈妈说再苦再累也不能被人看低了。妈妈对我也很严厉。有一件事我记得很清楚。那次,妈妈带我到一位阿姨家做客,阿姨拿了一种国外很名贵的水果招待我们,我都记不清叫什么了,但是特别好吃。我就把盘子里的都吃掉了。回到家,妈妈特别严厉地批评了我,还惩罚我一天不准吃饭,说我一点出息也没有,给她丢尽了脸。过了没多久,妈妈便买了很精致的点心带着我去看那位阿姨,我知道,那些点心对于我们家当时的条件来讲可以说是奢侈品了……"

"可能就是因为妈妈的要求吧,我从小就很懂事,在外人眼里,我是一个很优秀的女孩子,成绩好,也听话。可是,只有我知道,我活得有多累。我好像不是在为自己活,而是在为别人活……"小潇的声音哽咽了,纤弱的双肩止不住地颤抖,在宣泄着压抑已久的情绪。

## 渴望自由飞翔

过了好一会儿,夏小潇的情绪才平静下来。她掏出小镜子照了照说:"不好意思,我也不知为什么我今天情绪这么激动……"

我说这没什么,因为很多时候,眼泪不是软弱的表现,而是负面情绪的宣泄,是内心力量的表达。"给自己哭的权利,也是活得真实的一种表现。"我对小潇说。

这时,一阵清脆婉转的鸟叫声传了进来,一只花喜鹊扑棱着翅膀落在了窗外的树枝上,夏小潇侧过脸去盯着喜鹊看,在那一瞬间,我看到一种喜悦的神色在她那如同一潭秋水的双眸中泛起。她转过脸时,嘴角露出了浅浅的酒窝:"您知道吗?我从小就特别喜欢小鸟。后来一个叔叔送了我一只，我把它放了，我觉得鸟儿的翅膀是用来飞翔的，它应该属于自由……"

"其实不仅仅是鸟儿有翅膀，我们人也有翅膀，只不过是在心中，所以我们应该还翅膀以自由。"

夏小潇会心地笑了："您说的对！其实我一直想拥有一对翅膀，一对能够让自己自由飞翔的翅膀……"

### 不敢拒绝是脆弱的善良

我告诉夏小潇压抑自己内心需求的表现，是一种脆弱的善良。之所以说是一种脆弱的善良，是因为她并不是不想拒绝别人，也不是真正接受别人的请求、真正的愿意付出，而是因为不会拒绝或者是不敢拒绝。因此，这种善良实际上是内心深处隐含的一种脆弱和恐惧。

她不敢拒绝别人的真正原因是她害怕——如果自己妨碍了别人，别人也会反过来妨碍或伤害自己，比如害怕别人因此排斥自己、非议自己等，实际上，这是内心没有安全感，过分依赖别人评价的一种表现。

造成这种"脆弱的善良"的原因很多。比如，在过去的经历中总被否定的人，为了弥补内心中渴望肯定的"黑洞"，便委曲求全；又比如，内心觉得自己什么也不如别人的人，对自我评价没有信心，而宁肯相信别人的评价，为了保护内心，不受别人负面评价的伤害，便放弃自己正常的需求而去满足别人的需求，故也容易出现"脆弱的善良"……

小潇脆弱的善良与她母亲的教育方式，或者说早年的经历有很大关系。一方面幼小的她认为母亲的做法是对的，从小委屈自己的做法成为习惯巩固下来；另一方面，母亲过于爱面子的行为以及对小潇的严厉，让小潇形成了"自己不如别人重要"的想法，在她无法认识到自己的重要性时，她具备的那些优秀品质不能在她内心中产生力量，所以，她内心中渴望自由，却不知道如何获得自由。其实，所谓内心的自由，是对自我的接纳，是在道德法律允许的范围下对真实自我的展现。

## 重建自我，释放压抑的需求

首先，需要明确自我的重要性。从多个角度入手，让小潇在纸上用一些积极的词汇来描述自己。比如"我是一个漂亮的女孩子，有白皙的皮肤，瀑布般的长发；我做事很认真；我唱歌也不错，而且还会唱黄梅戏和越剧……"这样做的目的，是让"自我"在小潇的心中明确起来，让她渐渐认识到自己是独立而重要的，理应受到尊重，从而不再总是放弃自己的权益去讨好别人。

其次，了解拒绝别人的积极意义。其实，并不是所有拒绝都会给人不好的感受。例如可以这样做引导式的提问。

"假设一个孩子要你把她抱到 20 层楼的阳台上，你若答应了，会怎么样？"

"她可能会有危险。"小潇回答。

"如果我们不加辨别地去满足别人不合理的要求,实际上不是在帮对方,而是在害对方。所以,明辨对方的要求是否合理,并对不合理的进行拒绝,才是利己利他的。"

"哦,原来这样,看来我以前认为为对方好的,实际上人家也不一定舒服。"

最后,共同探讨一些委婉拒绝别人的方法。比如,先向对方表示理解或感谢,然后说出自己暂时无法去做的理由,并表示如果以后条件成熟,就一定会尽力而为。这样一来,就算拒绝别人也会给别人留有面子了。

相信经过一段时间的训练,夏小潇一定可以在内心中赢得一双自由飞翔的翅膀。

### 学会说"不"

认清拒绝的好处:要有勇气,拒绝人家的时候不要担心因此而伤害到别人,要知道,让你做你不情愿的事,这也是在伤害你自己。

掌握好语气:一般情况下,没有必要用激烈的语气,用比较委婉的语气拒绝会更好。

不必愧疚:不要因为合理的拒绝而愧疚,更不要去做无意义的补偿。

# 妈妈不相信我,怀疑我

老师：

　　您好！非常感谢您上次帮助我。但是最近又有一件事困扰着我：妈妈买来的辣条少了。事情是这样的，一天上午，我妈妈出去买菜（其实是去逛街），留下我和爸爸在家里。我在房间里写作业。爸爸忍不住偷吃了辣条。妈妈回来看见辣条的位置不对，数了一下，少了三根辣条。虽然最后爸爸承认是他吃的，但是妈妈还是不相信我，认为我肯定也偷吃了。而且这样的事发生了不止一次，比如说家里的钱丢了，就认定是我偷的；家里的什么东西坏了，都认为是我搞的……我好烦恼啊！

　　　　　　　　　　　　　　　　　　　　　　小轩


小轩：

　　很能理解你的心情，本来很多事情不是你做的却被妈妈怀疑，的确是有一点郁闷呢！

　　你的遭遇让我想到了两年前经历的一件事情，那是一个节日的下午，在一家商场的门前，一群穿漂亮白纱裙的小女孩在跳舞，旁边围观的是她们的妈妈。音乐声中，每一个孩子，都像一片云，也像一朵花，婀娜多姿，音乐停了，观众掌声雷鸣。这时，一个妈妈大步走到老师面前，很紧张地说了很多她女儿在跳舞时出现的细节，末了对老师说："她练习时，其实比今天表现要好得多呢！"

看着这个妈妈略显紧张的样子,我先是有点不明白,按理说在我眼里,每个孩子都跳得很好啊,但后来却无比理解这位妈妈:因为她是一位母亲,她的眼里最关注的人是她的孩子,因为特别的关注,有时也会放大孩子的某些缺点。就像我们若是拼命地盯着一片叶子,总是能找到小瑕疵。这位妈妈去强调孩子的这些缺点,并不是想要老师去批评孩子,而是她希望能够得到老师更好的指导,帮助孩子更好地进步,这就是一个母亲迫切的心啊。

本来不是你干的事情,你的妈妈却认为可能是你干的,从一个母亲的角度看,其实是她非常害怕你做错了事情而不自知,不能成长为一个优秀的人。从这一点来讲,你的妈妈和那位小女孩的妈妈有相像之处。当然了,妈妈们这么做其实是容易给孩子造成压力的,这一点不可否认,但她们背后爱孩子的那颗心,我们也需要承认。

那怎么办呢?第一我觉得,你要将这件事情平常地看待,被妈妈怀疑的时候,就去想妈妈又在关心我了,然后就心平气和地告诉妈妈:"请您放心,这件事情不是我做的。"当你以平静的态度对待妈妈时,她的内心也会渐渐平静下来,下一次有可能她就不会再担心你犯错误了,因为她觉得你对待事情非常从容和冷静。

当然也有一种情况,你的平静没能影响到妈妈,妈妈就是一个爱焦虑、爱过分关注孩子的人,这是她的特点,就像你有你的特点一样。那怎么办?那就去尊重她的这个特点吧,对她的冤枉,报之一笑,然后潇潇洒洒做自己该做的事情去。当你不再把妈妈一时的焦虑和担心理解成对你的不信任时,这件事情就变得风轻云淡了。

亲爱的小轩,成长是一件不容易的事情,我们需要给自己解围的能力,从这件事情练习一下"不在乎被错怪"的能力,不也是很大的收获吗?

李玲

**被错怪后的解围三步曲**

明确感受:被错怪后有情绪是正常的,认识到自己的情绪,并且恰当处理自己的情绪,比如,写下来,或者与信任的人倾诉。

平静解释:试着平静地说出事情的真相,也可以表达自己的情绪,但是要尽可能避免情绪化。

投入行动:要学会把一切交给时间。有些事情解释不清楚,并不代表你要一直受影响。学会放下,并积极地做自己该做的事情,才是上策。

# 奶奶一直嫌弃我是女孩

老师:

您好。

我来到这个世界上14年了,但是却总觉得自己的到来像一场错误……

说起来您可能不相信,我奶奶,还有奶奶家所有的人,都特别重男轻女。奶奶只有爸爸一个儿子,听妈妈说,在有我之前,奶奶对妈妈很好,就是妈妈在怀孕的时候,奶奶也对她很好,奶奶以为,妈妈肚子里的宝宝是个男孩子,但是妈妈生下我之后,奶奶得知是个女孩,连看都没有去看一眼就转身回家了。

整整一个月,奶奶对妈妈和我都不闻不问。而且,在奶奶的挑拨下,爸爸也经常不回家,妈妈就一个人带着我,特别不容易。以至于妈妈在月子里落下腰疼病,现在都没有好。妈妈每次说到这些时,依然很难过。我听着也特别难过,一方面很怪爸爸和奶奶,另一方面,也为自己是个女孩子而自卑。

虽然爸爸现在很爱我,可我依然觉得他不像是发自内心地爱我,他可能在想,我要是个男孩子就好了。

可能因为我成绩不错吧,奶奶也开始对我有了关心,但我原谅不了她,尤其看她热情地逗邻居家的小男孩,我就特别厌恶。

我的性别一直是我心中的阴影,我到底该怎么办?

小蕊

小蕊:

你好。特别理解你的心情，每个孩子，都渴望被家里人无条件地接纳并爱着。但是，并不是每个成年人，都有能力给予小孩子无条件的爱。这是为什么呢？这不是小孩子的错，而是大人的心里有属于他们的伤痛，在他们感到痛苦的时候，就不能好好地照顾自己，更别说照顾孩子和别人了。

你在信中说到了奶奶重男轻女，我们想想看，这个错误的观念来自哪里？它不会是凭空冒出来的，更大的可能是来自她的家庭。而奶奶同样也是一个女性，那个年代在一个重男轻女的家庭中长大，她一定吃过很多苦，也受过很多委屈。但是，她可能没有接受教育或者接受正确理念的机会，她一方面感到痛苦，一方面接受了这种错误观念的影响，将这些观念变成了她自己的一部分。所以，面对自己孙女的出生，她错误的观念不由得启动，产生了很多的烦恼和痛苦，对待你和妈妈的态度只不过是她自己烦恼的向外投射。

这样看来，奶奶其实并不是这个错误观念的主动实施者，她是被动影响者。当我们明白了这一点，至少对奶奶会有些许的同情。

再说说妈妈，妈妈将受到的委屈经常讲给你，其实也是一种不成熟的表现。因为自己没有办法处理这些情绪，于是讲给你听，希望得到你的理解和支持，毕竟人在难过的时候，有人和她站在一起，会显得没有那么孤独寂寞。

但是妈妈忘了，你还是个孩子，这些信息，会扰动你的情感，会让你产生委屈和自卑。

那现在怎么办呢？

我觉得最好的办法，首先是去好好疼爱自己内心中那个受伤的小孩——没错，你的内心中，也有一个小孩，她觉得没有被奶奶爱，很委屈。你可以轻柔地告诉她，你愿意听她的这些委屈，愿意理解她，疼爱她。也许她会流泪哭泣，但是有了现在的你给予她的力量，相信她会变得强大起来的。一个人疼爱自己的方式有很多，安静下来听听自己的表达，并愿意支持自己，是很重要的一种方式。

然后你会惊奇地发现，当自己的内心足够平静和强大，会更有能力原谅别人。从现来看，无论是爸爸还是奶奶，都很疼爱你，这是值得我们去珍惜的。如此，你的内心会好受很多。

至于奶奶很喜欢邻居家的小男孩，不一定因为他是男孩，也可能是出于一种对邻居的礼貌，还有可能是单纯喜欢小孩子的原因。

一边长大，一边学会走出曾经的阴影，是让自己变得健康阳光的重要保证。拿出勇气朝向阳光吧！

李玲

## PART 4 内心矛盾

**不是烦恼太多，而是心胸不够宽广**

# 胸怀大了，
# 你的世界也就宽了

老师：

您好！

我的心思很细腻，可能是太细腻了吧，经常会多愁善感，被一些小事情扰乱了心情，进而会影响到学习。

比如，前几天上英语课之前，我的好朋友和我开了一句过分的玩笑，我就很不高兴，整堂课上都在想这件事情，一想起来就气愤、委屈，脑子里不停地想着下课后要如何回应她，也想起了她以前对我做过的不尊重的事情，然后越想越心烦，心烦得对老师讲的课完全没有听进去。结果快下课的时候，老师提问，我没能回答上来。

但更让我生气的是，我的好朋友却丝毫没受影响，当老师提问的时候，她对答如流。我简直要气死了，凭什么我又被伤害了感情，又耽误了学习，我真是吃大亏了。

话说，我平时也是这个样子的，经常被一点小事扰乱了内心，陷入很难过的状态，难以自拔。

老师，我不想这样，不想这样庸人自扰，我该怎么办呢？该怎么做，才能让自己内心强大到不受这些小事的干扰呢？

无奈的小瑛


小瑛：

你好！

我曾经看到这样一则有意思的故事：在非洲草原上，有一种不起眼的动物叫吸血蝙蝠。它身体极小，却是野马的天敌。这种蝙蝠靠吸动物的血生存，它在攻击野马时，常附着在马腿上，用锋利的牙齿刺破野马的腿，然后用尖尖的嘴吸血。无论野马怎么蹦跳、狂奔，都无法驱逐这种蝙蝠。蝙蝠却可以从容地吸附在野马身上，落在野马头上，直到吸饱吸足，才满意地飞去。而野马常常在暴怒、狂奔、流血中无可奈何地死去。

实际上，吸血蝙蝠吸取的血量甚少，根本不至于让野马毙命，真正的死因，是缘于它自身不可扼制的狂怒和内心的烦躁。现实生活中，不也往往会出现类似的情况吗？有不少人，凡事都过于较真，对琐碎之事也是斤斤计较，绝不愿意自己有丝毫的损失，一旦得理，更是不饶人，纠缠不已。最终，好像是自己胜利了，可在处理的过程中，势必要耗费自己宝贵的时间、精力，损害自己的情绪，从而影响自己的生活质量。

想想看，你和好朋友闹矛盾，本来是很小的一件事情，但是你却被这件事情影响，错过了听课的宝贵时间，这就是重大的损失呀！好在你是非常有悟性的孩子，已经意识到了这种损失。那接下来，我们就该谈谈如何止损了。

"人无远虑必有近忧！"所以，要想避免被琐事干扰，就一定要有远大的目标。比如说，想想自己的理想是什么？要成为一个什么样的人？不妨将自己的这些理想写下来，贴在醒目的位置。当然，如果你会画画，画出来也是不错的做法，会更加鲜活生动。然后，根据远大的理想，去制订长远的目标，近期的目标。比如，远一些的目标，可以是以年为单位，近一点的目标，可以以月为单位，依次具体到每一周，每一天，每一节课。这样一来，你会明白，自己当下做的每一件事情，其实都是与理想相关的，都是在为实现理想而添砖加瓦。这样一来，有了远大的目标，就不太会被眼前的事情带跑。

其次，要学会疏解自己内心的情绪。

如果感觉自己的内心中有很多的想法，不妨拿出笔来，把这些想法写下来。这个过程，实际上是倒垃圾的过程。写下来的过程会给自己的内心一种确定感，而不需要再反复纠缠在事情本身。当写下来之后，就提醒自己不断地回到当前的任务上。具体到听课的环节，可以不断地在头脑中去自己设置问题，比如说，老师讲到了一个知识点，就去想，这个知识点到底要说明什么？然后在老师接下来的讲课内容中去寻找答案。这样一来，注意力就容易被牵引在目标线索上，而减少各种闲思了。

好了，接下来，就是持之以恒的训练。走神了，拉回来，走神了，拉回来。渐渐的，注意力就可以越来越专注，越来越不受小事的干扰了。

最后，祝你不再被琐事侵扰，提高学习效率，赢得高质量的学习生活。

李玲

**如何不被琐事困扰**

树立远大目标：远大的目标是很强有力的牵引力，当你奔向这些大目标时，就不会太顾及眼前这些小事了。

多读伟人传记：读伟人传记，去感受伟人博大的心胸，自己也会受感染。

投入地做事情：投入到当下做的任务中，专心致志地去完成，当你足够专注时，就不容易被小事干扰了。

● 好朋友之间就得毫无保留吗?

信件

老师:

您好!

我觉得真诚和信任应该是好朋友之间必须有的原则吧?反正,我是一直这么认为的。但让我伤心的是,我发现我的好朋友一直在欺骗我……当我知道被欺骗后,对她简直失望透顶了,我能感觉自己的心一寸寸凉下去,都快没有温度了……

她,新娜,是我从上小学就形影不离的朋友。我们一起上学,一起放学,假期里,她经常到我们家玩,我父母对她也很好,有几次旅游,还带了她一起去。总之,我俩就是大家眼中不离不弃、心有灵犀的闺蜜。

曾经,我们为了彼此,都可以牺牲自己的利益。比如,我没有吃早餐,她会饿着肚子把她的早餐给我吃;她生理期身体不舒服,我会把我的围巾给她温肚子……但是,就是这么好的关系,她却不珍惜。她一直在欺骗我……事情是这样的,她和我在一起,从来不提她爸爸。有一次,我问起了她爸爸在做什么,她说,爸爸在美国工作,一年只有过年的时候,会回来探望她们。从那以后,她经常会提到她爸爸,还说爸爸给她从美国带了什么礼物,还答应说等她爸爸再回来时,也要给我带礼物……

我信以为真!但世界有时候真的好小,前不久,我和妈妈到一位阿姨家做客,这位阿姨竟然与新娜的妈妈也是朋友。聊天中我才知道,新娜的爸爸妈妈早就离婚了,她爸爸现在根本就不在美国,而且离婚后生活很潦倒!后来,根据从别处了解到的信息,我确定这位阿姨说的是真的!

我妈妈很同情新娜,说新娜这孩子不容易。我当时就哭了,不仅仅是同情,还有说不清的感情——被欺骗后的伤心。我不明白,我对她这么好,可为什么换不来她的真心呢?为什么她还要欺骗我呢?

我为此特别生气,不想理她。她放学等我,我也不想理她。她很委屈,问我为什么不理她。我没有说话。但我好想告诉她:对朋友撒谎的人,不配拥有友谊。

伤心的乔岩岩

岩岩:

你好。

我理解,一个感到被朋友欺骗的女孩,此时,内心是多么的伤心。

你觉得伤心,是因为你认为朋友的谎言是为了欺骗你、伤害你,所以你很伤心,但是,如果你能换一个角度看,看到她撒谎只是为了保护自己,让自己好受一些,你或许就不会这么伤心了。

是的,提到谎言,我们会马上联想到"欺骗""上当""不忠""不坦诚"等一系列负面的后果。没有人希望上当受骗,所以没有人愿意成为谎言的接受者。不过,扪心自问,我们自己有没有说过谎?如果说没有,那我们本身就已经在说谎了! 据美国麻省大学的一位心理学家费尔德曼研究称，每人平均每日最少说谎 25 次。看来，没有人能逃掉说谎的行为，当然也就逃不掉被骗的遭遇了。

世界是复杂的，人性是复杂的，谎言绝对不是全部都面目狰狞。有人将谎言分为"黑色谎言"和"白色谎言"，对于以伤害别人为目的的黑色谎言，我们当然不能手软。而对那些中性的，甚至是善意的白色谎言，我们大可不必大动肝火，或许明白了撒谎者的撒谎动机，给予理解、帮助和宽容，才是皆大欢喜。毕竟，我们自己也常常是"白色谎言"制造者。

新娜的谎言实际上就属于白色谎言。她可能从内心还不能真正接受爸妈离婚的事实，所以，通过说谎来掩饰这件事，与其说是在骗别人，不如说是在骗自己。还有可能，她觉得这是一件很痛苦的事情，她的自信心甚至因此受挫，她会担心朋友因此看不起自己，所以，要通过说谎来掩饰内心的脆弱。

这样看来，她对朋友其实并无恶意，只是因为自己内心价值感不足而已。当然，价值感不足的人，也很容易给人显摆、吹牛的感觉，比如新娜谎称爸爸给自己从美国带礼物，还说要给朋友带，等等，可能就会给人一种这样的感觉。

这同样来自于脆弱自尊的需要。他们渴望将自己的一些东西放大了给别人看，试图在别人羡慕的眼神中，安抚自己脆弱的心灵。但往往是弄巧成拙，败坏了自己的人缘。缺少自信的人往往会归因于大家看不起自己，于是更加

"奋起直追",更加拼命忽悠,致使自己的人际关系陷入恶性循环。

了解到"白色谎言"制造者的心理感受,我们也不必对其退避三舍,想想看,其实她除了说话没谱外,对朋友也没有什么恶意。作为好朋友,如果我们能多体谅她一些,并经常对她进行鼓励,帮助她慢慢地发现自己的优点,没准儿能帮她建立信心呢。随着她自我价值感和自信心的建立,或许,她就越来越不需要用撒谎来保护自己的自尊心了。

我在心中祝愿你们永远是好朋友。

李玲

**如何面对朋友的谎言**

学会区别白色谎言:我们将无恶意的谎言称为白色谎言,也就是说说谎并不是为了伤害别人或者有意欺骗别人,而是为了保护自己,这些人的谎言一般属于白色谎言。

换位思考:当发生一件事情的时候,我们不仅仅要想到自己,也要换位思考,从对方的角度,想想对方的感受,想想对方的出发点。

尊重朋友:再好的朋友也不可能分享所有的秘密,所以我们不要苛求朋友能将所有的秘密都告诉我们,每个人都有保护自己秘密的权利。

# 难道他觉得我很轻浮

最近，有一件事情颇令橙子烦恼，班上的一位男生，和自己说话总是离得很近。有一次，自己正在写作业，那男生竟然从背后伸过双臂，撑住了她的课桌，她的整个人都被他圈在了臂弯中，热热的呼吸扑在橙子的脖子上，橙子的脸顿时火辣辣的，心里说不出是难为情还是愤怒，她一时间，不知该如何应付了。

接连好几天，橙子的心情都异常糟糕，她偷偷地观察那位男生对其他女生的态度，她多希望这位男生也能这种方式对待其他的女生啊，如果那样，大家就都会讨厌这位男生，最重要的是，大家会认为是这位男生的问题，而不会误解橙子了。可让她失望的是，这位男生并没有以这种方式对待其他的女生。

"难道，是自己哪里做的不好，让他将自己理解成了一个轻浮的女孩子？"橙子的心里很矛盾，终于决定拨通我的电话。

"您觉得，他是因为喜欢我才这么做，还是因为觉得我轻浮呢？"橙子问我。

我并没有马上回答橙子的问题，而是让她讲讲平时她和这个男生的交往情况。

"他坐在我的斜后桌，性格蛮开朗的，有时课间，我们还会打闹着玩，现在想想，有好几次，我们打闹得有点过火。比如说，有一次下雪打雪仗，他往我脖子里塞雪球，手都伸到我的衣服里了。当时我也觉得别扭，但是想到大家都在打打闹闹，也就没在乎什么。还有一次，我穿了一件很时尚的毛衣，那件毛衣很服贴，把我的身材勾勒得很明显。我看到他上课时，总在偷偷地看我，我也说不准是自己多心了，还是他真的在偷看我，要是那样，他真的就太卑鄙了。"橙子刚讲完这些，还没等到我回应，便又迫不及待地说，"我现在都留下心理阴影了，那件漂亮毛衣都不敢穿了。"

我告诉橙子，其实不仅仅是这位男生，任何一位男生，看到漂亮的女生，都会禁不住多瞄几眼。如果这个女生穿了比较打眼的衣服，他们更会禁不住去偷偷地看。

"他们怎么这么讨厌啊！"橙子生气地说。

我告诉橙子，不是这些男生们讨厌，而是这一阶段他们生理心理发展特点所致，青春期正是一个对异性很敏感的年龄。如果女生的穿着打扮过于性感，或是行为举止过于开放的话，就会导致男生的误解和非分之想。虽然对于大多数男生来讲，都能控制自己的想法，不冒犯对方。但是，有些自控力差的男生，很可能就会试着进一步地接近女生，比如对女生做一些暧昧的动作，或者故意碰触女生的身体，甚至发生越轨行为。

不过，即便是自控力差的男生们通常也不是贸然行事，一方面，他们要与自己的内心做斗争，另一方面，他们也会去观察和试探女生，如果女生比较开放或者没有拒绝他们最初的试探，他们的行为很可能就会更进一步。因此，对橙子这样的青春少女来说，要想避免类似尴尬的出现，就要懂得恰当地拒绝。一个男生去牵你的手、离你很近，或者去拍你的肩……这些行为，很可能都带着试探的味道，你如果若无其事，甚至还说说笑笑，对方很可能就觉得得到了你的默许，会更进一步地去试探。相反，对他这样的动作，你能及时躲闪，并能制止或表示不高兴，对方就知道你是拒绝的，就会有所收敛。

当然，在穿着打扮上，作为青春期的女生也要有所注意，不穿过于性感时尚的服装到学校，以免引来不必要的尴尬。

值得注意的是，如果一个男生的行为已经让你很难忍受，甚至感到深深的不安和恐惧，在你拒绝或疏远无效的情况下，一定不要因不好意思而隐瞒，要及时地告知老师和家长，以免伤害进一步发生。

### 避免尴尬的小妙招

及时拒绝：当你发现对方的动作行为，包括语言让你不自在不舒服的时候，要及时地拒绝或者远离。

着装庄重：穿衣要庄重，不穿过于暴露的服装。

及时求助：当你的拒绝不能生效时，要向老师或者信任的人求助。

# 爱自己是一种责任

## 花季女孩却自残

女孩是在妈妈的陪伴下来到咨询室的,坐在沙发上,母亲愁容满面,无奈地看着女儿,女儿却低着头,不肯说话,滑落下来的头发遮住了眼睛。

"你把胳膊撩起来,让老师看看!"妈妈对女儿说。

女儿像没听见一样,不肯服从妈妈。

我建议母女俩能分开谈一下。

女孩轻轻说:"让我妈先说吧!"然后走到会客厅去等待。

女孩的名字叫云云,正在上初中二年级,女孩刚一出去,母亲王女士便泪如雨下了:"我不知道她是怎么了,怎么问也不肯说……"

一个星期前,阿姨在给女儿洗衣服的时候,发现了有斑驳的血迹,王女士着急了,云云放学一回家就询问她受伤的事。云云先是不说话,问得急了,便不屑地说:"咋啦?有那么大惊小怪吗?我自己身体,我不能做主呀?"

女儿的态度让王女士又生气又着急,她不由分说地去拉女儿胳膊,想让她把事情说清楚了,可是接下来看到的一幕,却让王女士心疼不已。只见女儿的胳膊上,有好几道伤口,有的已经变成了淡淡的疤,有的还有血痂,胳膊肘附近那道显然是新伤,有血水在渗出。

"这到底是怎么回事?有人欺负你啦?"王女士急切地问女儿。

女儿倔强地抽回胳膊,皱着眉头说:"没有!我自己弄的,不行吗?"

"自己弄的,你疯了,好好的胳膊为什么要弄成这个样子,你说呀!"王女士只感觉到血往头上涌,真有点不敢相信自己的耳朵。

可是,女儿却什么也不肯说,嘭地关上门,躲回屋里看电视去了。看着女儿那倔强冷漠的样子,王女士真是觉得有人在拿刀割自己的心。

"您觉得没被女儿理解是吗？"我问。

没想到，这一句话，又让王女士泣不成声。

王女士告诉我，十年前，在女儿五岁的时候，她就到美国读书了。虽然很想念女儿，但是，为了女儿有个好未来，她还是坚持奋斗着。两年前，她回国开了公司，生意不错，却没想到老公有了外遇。女儿成了她精神上的支撑。

"可现在，她成了这个样子，您说我能不着急吗？"

## 感觉没人爱自己

云云和妈妈在咨询室门口擦肩而过，她依然无视妈妈投来的目光，低着头坐到了沙发上。

"我感觉你心里对妈妈有情绪。你愿意和我说说吗？"我说。

云云紧紧抿着嘴唇，不肯说话。

"是有委屈吗？还是对妈妈的一些做法不满意？"

"我觉得她根本就不应该管我！她不爱我，干吗要管我啊！"云云说着，眼泪夺眶而出，"我妈妈在我很小的时候，就去美国了，每年也只能回来几天。在我小时候的记忆里，爸爸每天下班都会准时回家陪我，别人也都羡慕我有个好爸爸。可是，在我上六年级的时候，爸爸一下子忙了起来，经常给我钱，让我出去吃饭。后来我才知道，爸爸是和一个阿姨好上了，他经常带阿姨去吃饭。我特别难过，觉得我没爸爸也没妈妈，是个没人要的孩子。后来，我上了初中，爸爸妈妈离婚了，我的成绩一直上不去。前不久,我的书包被几个打扮怪异的女孩子抢走,她们还打我耳光,我的脸被打得火辣辣的,肿了好几天,我每天都胆战心惊的。可不知为什么,又总是禁不住去回忆她们的巴掌落在我脸上的那种感觉,甚至有好几次,我对着镜子自己打自己。我在网上看到一个视频,就是一个和我年龄差不多大的女孩子,拿着刀子割自己的胳膊。我便有了试一试的念头。当天晚上,我就买了刀片,割了自己的胳膊。刚开始的时候,看着血汩汩地流出来,心里很害怕,可后来心里就平静多了……"这一次,云云主动地将袖子撸了上去,那白皙的胳膊上刺眼的伤口,让人看了不由得心里打战。

"你被别人欺负的事情,家里人知道吗?"

云云不说话,轻轻地摇摇头。

"为什么你不告诉爸爸妈妈呢?"

"我给爸爸打电话了,可爸爸一上来就问我的成绩,妈妈回来已经很晚了,看着她倚在沙发上疲倦的样子,我也就不忍心再添乱了……"云云说着,哭了起来。

待云云稍稍平静下来,我将纸和笔递给了她,让她画下自己最大的心愿。

云云略加思索,画下了这样一幅画:在一个温暖的屋子里,漂亮的台布上摆着可口的饭菜,小女孩坐在爸爸妈妈的中间,爸爸正在给小女孩夹菜,妈妈则微笑地切着生日蛋糕,小女孩的脸上洋溢着幸福的微笑……

## 爱让伤害停止

云云的行为，是种自虐，是对自己的一种攻击和伤害。一个人对自己的伤害，常常是由于自我价值感低，进而不喜欢自己造成的。

一个孩子对自己的喜欢，常常是来源于父母的，如果父母的爱充足，给孩子很多的陪伴和关注，那么，孩子觉得自己是可爱的，被珍视的。相反，父母对孩子的忽视，会让孩子觉得自己是不珍贵的，是遭人厌的。

云云的妈妈在女儿很小的时候，就离开家到美国读书，虽然从母亲的心里来讲，她是希望给孩子好的物质生活、好的未来，但实际上，幼小的孩子判断是否被父母喜欢的一个重要标准，就是父母是否能够满足自己的愿望，是否能够陪伴自己。这样看来，母亲并没有真正满足孩子的愿望。这种长久的分离，已经在孩子心中埋下了自己不被喜欢的种子。

再加上家庭的变故，父亲的外遇，再一次让孩子感觉被遗弃。随着孩子慢慢地长大，势必对自己的遭遇感到不满，这个时候，会出现很多情绪，从云云对母亲的态度我们可以看得出，她们并不是一对亲近、和谐的母女。这个时候，只有让问题浮出水面，才能真正解决。但是，云云的母亲却在不断强化"一切都是为了孩子"，云云虽然有情绪，但她内心依然觉得母亲是为了自己。即使是在她受到欺负的时候，依然不愿意和妈妈说，不愿意再给母亲"添乱"。这种心态下，孩子就会将所有不好的体验，都归因于自身，再一次证明了自己是遭人厌的，自虐就成为一种自我惩罚的方式。

然而，在云云的心目中，她依然是渴望得到关注的。那幅情意浓浓的画，就足以表达她的心愿。画中的小女孩，说明了云云的内心依然停留在小孩子的阶段，她需要在爱中慢慢成长起来。而坐在父母中间，迫切地表达了渴望被关注的心愿。自虐，从更深层次的心理意义上来讲，也是她引起父母关注的一种潜在方法。因此，要想让云云停止对自己的伤害，需要父母的共同努力。虽然他们分开了，但是需要用行为和语言告诉孩子，他们是爱她的。

同时，云云也要学会向父母表达自己的真实感受，主动寻求父母的支持，同时学会通过体育锻炼、培养业余爱好的方式来宣泄压力。唯有双方的共同努力，才能让云云学会珍爱自己。

### 避免自我伤害三步曲

去一个你无法伤害到自己的地方：如果在家，就躺到床上去，如果不在家，尽量在开阔明亮的地方坐下，比如公园里的长凳。然后告诉自己"一切都会过去的"。

大声说出让自己痛苦的原因：说出来，哪怕是自言自语，能缓解紧张情绪，逐渐放松自己。大声说，说清楚，这样不仅有助于调整你的呼吸状态，还便于你发现问题症结。

积极求助：如果总是忍不住伤害自己，一定要及时地求助。在你理智的时候，就要讲给你信任的人，或者寻求专业机构的支持。

## 大智若愚，勿恃聰明

老师：

您好！

从小到大，我都是爸爸妈妈的掌上明珠，老师同学眼中的佼佼者，再加上我多才多艺，我爸妈的很多同事、朋友都很喜欢我。

让我没想到的是，自从上初中后，我的优秀却成了我痛苦的根源。我周围有几位女同学特别爱嫉妒人，每当我取得了什么成绩，她们总是嘴角一撇，一副很不屑的样子。这还不算，她们一起合计好了孤立我。比如上个月，经过层层筛选，我被选中去市里参加演讲比赛，而且还取得了很不错的成绩。可是，当我第二天走进班里时，不仅没有得到大家的掌声，反倒很多人都对我爱搭不理的。

我不知道他们为什么这样，他们也可以凭本事自己去拿奖啊，我获了奖又没有妨碍他们！您说我现在怎么做才好呢，难道我变得不优秀就好了吗？

苦恼的奇奇

奇奇：

你好。

读了你的来信，我特别能理解你的心情。每个人都希望被认同、被接纳，如果这种需求得到了满足，我们便感觉到是安全的、幸福的，相反，如果这种需求没有被满足，我们则是感觉到不安的，难过的。

从你的信中可以看出，你实际上是将优秀与遭人嫉妒画了等号。优秀的人在我们的印象中，总是受人尊敬与欣赏。那么你心里就会有一个疑问，为什么你很优秀，同学们却不能尊敬与欣赏你呢？我们接下来一起找找原因。

我觉得很关键的一点很可能是你处处将同学视为对手，强调竞争。的确，要想进步，我们是要有竞争意识，但是，如果没有合作，竞争能抵达的只是痛苦和孤独。这很容易理解，当你把别人仅仅当成竞争对手的时候，别人也就把你放在一个对立面了，再谈什么为你祝福，为你的成功而快乐就是很困难的了。因此，不管你有多优秀，不管你有多少特长，你内心中一定要有一把尺子，经常衡量一下，我的优秀带给了别人什么？如果衡量出来的仅仅是"把别人比了下去"，那你就很难得到别人真诚的祝福与欣赏；相反，如果衡量出来的是"我带动了别人"或者是"我帮助了别人"，那么受人欢迎就是很自然的事情了。因为你的好带给别人更多好处，于是大家在心里就盼着你更好，自然也就会为你取得的进步而感到高兴了。

其实，从你的文字中，能够感受到你对友谊的渴望，否则的话，你就不会在意被孤立了。那从现在起，就试着一点点地去找回友谊吧！毕竟，除了学习和成绩，我们在学校收获的友谊，也是人生很宝贵的财富。不用担心友谊会影响你的优秀，其实，一份真挚的友谊，可以成为你更加优秀的动力呢！比如，试着去欣赏别人。由衷的欣赏，会像强大的信号，从你的心中发射出去，对方一定会接收到。而被你欣赏的人，也常常会对你充满善意，愿意与你走近。你对别人真心的欣赏，还可以让自己学到别人的优点，进而让自己变得更加优秀。

除此之外，用自己的优秀去帮助更多人吧！比如，与大家分享你的学习方法，或者在别的同学学习有困难的时候，伸出你的援助之手。哦，千万不用担心你的好方法被别人学去了，他们就会超过你。实际上，在与别人分享的过程中，你自己的学习方法会得到完善，而你的主动分享，也会赢得别人的分享，一来二去，大家都会取得更大的进步。而你也会惊喜地发现，你的人缘渐渐变好了！其实，以上方法也只是抛砖引玉，你自己一定还可以总结出很多方法呢！

当然，也许你做了很多后，发现不是所有的人都会和你成为朋友。那也不必强求，人与人之间，有时候是个很复杂的事情，我们没有必要去苛求每个人都能成为朋友。但你愿意收获友谊的意愿和行动，一定会让你获得真正的友情！

讲了这么多，我忽然想起我很喜欢的一首歌中的一句歌词，想以此来结束我的回信——"没人分享再多的成就都不圆满"，既然如此，就让我们保持优秀的同时，也能多一份热心给别人吧！到时候，你会发现嫉妒你的人越来越少，而能真心给你掌声的人越来越多，这样的人生岂不光辉灿烂得多吗？

李玲

**如何避免被嫉妒**

热心帮助别人：当别人有了困难，要积极出手帮助，这是避免被嫉妒的好方法。

赞美别人：真心地赞美别人，或者帮助别人去争取某个机会，会让你更优秀，同时也不"刺眼"。

做个谦虚的人：虚心向别人学习，可以巧妙地避开被人嫉妒。

# 鱼和熊掌如何兼得？

信件

老师：

您好。

我是一个性格文静的女孩，我喜欢读书，喜欢思考，喜欢写日记……但这并不代表我不喜欢交朋友，我也有好几位关系很好的朋友。

但是我有个烦恼，就是我觉得我和朋友关系好是好，但是比起她们之间来，好像就没有那么亲密。比如我们三四个人一起散步，走着走着，就成了她们几个人在一起说说笑笑，而我则想着刚刚看的书神游天外了。

怎么说呢，有时候我感觉挺矛盾的，如果让我和大家在一起不停地说说笑笑，我觉得挺浪费时间的，可是看着别人在一起说说笑笑，我又觉得很失落，我该怎么办呢？

骄骄

骄骄：

你好！

先问你个问题吧，你是喜欢太阳呢，还是喜欢星星呢？假如你的答案和我一样——都喜欢！那我就再问你，那该如何同时拥有太阳和星星呢？你的答案是否和我一样——这个嘛，很难办。没错，生活中，有些事情，就是鱼和熊掌不可兼得。选一样又会觉得太遗憾。其实还有折中一点的办法，就是有时候选鱼，有时候选熊掌。至少，对于你的这个烦恼，是完全可以这样处理的。

看得出，你和朋友的关系还是不错的，只是，在性格特质上，彼此有些差异。你的朋友可能恰好属于比较开朗、喜欢说说笑笑的类型，所以，她们在一起，就有更多的共同爱好，而你则喜欢安静，有时候步调不那么一致。但是这又有什么关系呢？你们依然是朋友，你们依然有步调一致的时候呀！

其实，好朋友在一起，并不一定是总保持一样，想想看，完全的一致是多么可怕：你们可能穿一样的衣服，说一样的话，对事物的反应都是一致的，连发出的声音都一样。天呀！如果这样也太无趣了吧！所以，好朋友之间，之所以能互相吸引，就是因为彼此之间有一定的差异呀！你也许会问，可是她们几个看上去很一致呀！其实，这只是你看到的，人和人的差异是方方面面的，她们之间的差异，或许是你没有发现。因为我们每个人，实际上都是对与自己相关的方面会更关注一些，对你来说，你只是关注了你安静一些，她们开朗一些。

话说回来，我就很欣赏你。你喜欢读书，喜欢一个人思考，和朋友们在一起，依然能保持自我，是一个很有主见、不人云亦云的女孩子。当你不事事去盯着别人、总想成为别人的样子的时候，其实，就渐渐地有了你的风格和原则了，别人也会尊重和适应你的风格和原则。而且，爱读书和爱思考，对于一个人是很好的习惯，这是多少人都羡慕的呢！

当然，你可能有隐隐的担心：别人会不会议论自己，会不会由此丢了朋友呀？这样的内心反应也是很正常的。

不过，你需要明白，真正的友谊并不一定是时时刻刻地黏在一起，也并不是为了对方放弃自我，否则就不是真正的友谊了。真正的友谊，就是彼此尊重，彼此理解。你在保持自己的同时还能和大家做朋友，就说明很不错！

如果真的有朋友对你产生了误会，你可以开诚布公地进行沟通，告诉她你很珍惜和她的友谊，只不过同时你也喜欢独处。相信朋友是会理解的。

在平时，当朋友有了困难，你也要多给予帮助，这样一来，你们的友谊也会有所加深。还有，当你与朋友相处时，要多注意倾听，积极地回应对方。这样一来，当你一个人独处时，大家也就更能理解，这是你的性格特点，而并非是对别人的忽视。

总之，一个人只有能勇敢地做自己，坚守自己的原则，才更能与别人和谐相处。当然，前提是自己的原则是积极的，有道理的。显然，对于你来讲，无论是安静的读书，还是一个人思考，都是很棒的品质，所以，它们绝对不应该成为你交朋友的绊脚石。懂你的人，总是会尊重你的。最后也要记得去懂别人，去尊重别人哦！

李玲

# PART 5
## 未来
### 为梦想加油，努力成为自己喜欢的样子

# 笨小孩还有机会吗?

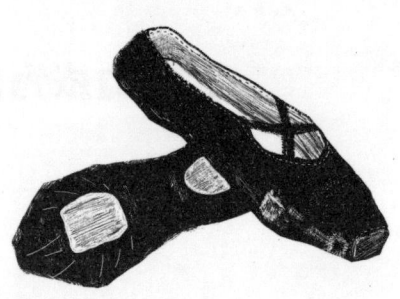

老师：

　　您好！给您写这封信时我很难过，因为我又一次被证明是个笨小孩。

　　从小到大，我似乎都与聪明无缘，别人背课文，一两遍就背会了，我却要背很久；别人学一个体育动作，一下子就学会了，我却要练习一遍又一遍……总之，冰雪聪明、古灵精怪这些词，都与我无缘。

　　幸好，我没有放弃，我虽然学得慢，但是我还是用心地练习，所以我的成绩在班里也是中等偏上的。

　　昨天下午，我们学习一套舞蹈动作，我虽然很用心地学，但是还是没有学会，老师把我留下单独辅导。后来我妈妈来接我，我听到妈妈和老师聊天时，对老师说："这孩子就是笨一些，学啥都有点慢，辛苦您了！"我听了特别崩溃，觉得人生很灰暗，没有了希望。我该怎么办好呢？我为什么就不能做一个冰雪聪明的孩子呢？

菁菁

菁菁：

　　你好。很能理解你现在的心情，因为听到了妈妈和老师说的话你特别难过，可能还有不少的愤怒情绪吧，这些愤怒情绪有指向妈妈和老师的，但是更多的是指向自己，怪自己为什么就不能成为冰雪聪明的孩子。

　　我们先来一起了解一位奥地利心理学家的故事吧，他的名字叫阿德勒，他的著作《自卑与超越》是心理学上的经典之作，他提出的心理学理论更是帮助了无数不同职业、不同年龄的人，阿德勒是当之无愧的心理学大师。如果光看这些成就，你一定觉得他是一位聪明绝顶的人物吧，一定符合你说的冰雪聪明吧！但事实上，完全不是。阿德勒曾经一度被老师和同学称作"木头脑袋"，因为他的数学成绩一塌糊涂。而且，他的运气也不怎么样，出过两次车祸。他从小体弱多病，差一点因为肺炎死掉，还得过佝偻病，所以个子很矮，运动能力也差。他的成绩也不行，在班上倒数，因此他内心很自卑。但就是这位底子差、又自卑的阿德勒，最后实现了逆袭。他努力学习，从班上倒数变成尖子生。因为小时候总生病，所以他就想当医生，最后考上了维也纳大学的医学博士，实现了自己的理想。更不得了的是，他成了一代心理学大师，并创立了一个新的心理学流派。

　　阿德勒曾经很自卑，但是，他最后研究发现：自卑是一个人进步的动力，因为这个动力人们才不断地追求更好的东西。

没错，我们都希望自己是自信的，也希望自己有自信的资本。但是亲爱的孩子，我特别想说的是，与其假装自信，不如承认自己的自卑，接纳自己的自卑，然后把它变成自己超越困难的勇气。

我想，此刻的你，对于自己"笨一点""慢一点"感到很自卑，自卑让你难受，让你痛苦。但是亲爱的孩子，老师也希望你记住一句话，有时候，拓宽我们生命宽度，让我们变得坚强、勇敢、奋发向上的，正是痛苦的经历。在承受痛苦时，我们心里的确很不好受，但是当我们踏着它大步向前，再回过头来看时，你其实最想感谢的就是它了。

当然，也有人在痛苦面前放弃了、倒下了、崩溃了，那就成了痛苦的奴隶，但是老师相信，你不会。为什么这么说呢？因为你在信中说"幸好，我没有放弃，我虽然学得慢，但是我还是用心地练习，所以我的成绩在班里也是中等偏上的"，这段话让我特别欣赏你，我知道你没有放弃、很用心，而且还保持着不错的成绩呢！你正在收获可贵的礼物：因为没有放弃，你越来越坚韧了，也养成了认真、踏实、不怕失败的好习惯，这些是比聪明更可靠的品质啊。而且，有些事情是熟能生巧的，开始慢，后来就越来越快了。所以，不要被开始的慢迷住了眼睛，它只不过是让你变得更加优秀的一个跳板，一定要学会好好利用它哦！

最后，老师想对你说：雄鹰靠翅膀翱翔天际，蓝鲸虽然不能飞翔，却可以畅游大海。每个人都是不一样的，每个人撬动生命的方式也是各不相同。接纳自己，并找到超越的方法，努力拼搏，你一定会成为一个优秀的人。

李玲

### 把"笨"变成大礼包

找到方法：好的方法，可以达到事半功倍的效果，在做事情前，先问问自己，有没有更好的方法呢？

发掘优势：每个人都有自己的优势，学会用优势带动自己的劣势。

善巧利用：每一个品质和特点，都可以被转化成我们前进的踏板，比如有点笨，我们正好利用这个特点，养成有耐心、做事不骄不躁的优势，所以，还是冷静下来，想想如何利用自己的特点吧！

# 总是丢三落四怎么办?

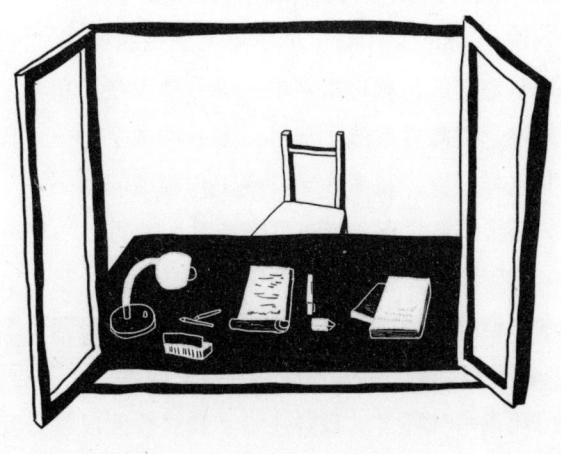

咨询手记

16岁的戴小璐是个活泼漂亮的女孩子,大大的眼睛,睫毛微卷,头上戴着一顶俏皮的花绒布帽,一走进咨询室,两个浅浅的酒窝里就盛满了微笑。还真看不出她是因为有烦恼而来寻求帮助的。

我倒水给她,问她有什么困惑需要我的帮助。戴小璐收敛起笑容,嘟着嘴说:"我怀疑我要得老年痴呆了,所以来找老师咨询一下,看有没有办法解决。"

"老年痴呆?"

"对,因为我总是丢三落四的,我妈总是说我比我太爷爷还糊涂。"说着,戴小璐又笑了起来。

"你能举例来说说吗?"

"哦!这样的事情太多了。比如说吧,我经常落东西,不是落了作业本,就是落下文具盒,有一次,竟然忘了背书包,反正类似这样的事情简直太多了。班主任一见我妈就说:'你的女儿啊,小小年纪就糊涂得很。'老师这么说是有道理的,我每次考试,丢分都丢在了粗心大意上,比如说,把除号看成了加号,把B看成了D……我妈说,要照这样下去,我考大学、找工作都成问题……"

"那你平时忘了东西妈妈是怎么做的?"我问。

"我妈呀,那就赶紧去送呗,有一次,我忘了带语文课本,便打电话给妈妈,妈妈和爸爸把家里翻了个底儿朝天,都没有找到,后来我发现,语文课本就在我的书包里,可把我爸妈气坏了,我妈还给了我屁股两巴掌。我妈说我没脑子,打也不管用。"说到这里,戴小璐吐了吐舌头。

"您说，我这脑子还有救吗？"

"看来，你还挺为这事着急的。"

"是啊，我妈说，就我这脑子，将来找男朋友都难。"

看着戴小璐，我不由得被她逗乐了。

"那我问你，你脑子有没有好使的时候？比如说，看电视能不能记住剧情？学唱歌能不能记住歌词？"

"这个当然没有问题了。我特喜欢唱歌，只要是我喜欢的歌，我学得很快，歌词也记得很准。"

"那不就得了，说明你的大脑没有问题啊！"

"可是，可是……我的确是经常丢三落四、粗心大意啊！"戴小璐若有所思地说。

我告诉戴小璐，她的丢三落四，并不是脑子出了问题，而是缺乏认真、严谨、负责、专注的做事态度。从心理学的角度来讲，记忆是一种心理过程，指的是外界事物和思维在大脑中形成的条件反射被牢固地保留下来，以后再重新出现。一个人接受了信息以后，如果能长时间地保持，待到需要时能及时调动出来，那么这个人就是记忆力强，反之则是记忆力差。而记忆力的好坏与当事者当时识记时是否用心有很大关系。

戴小璐丢三落四，就是用心不够的典型表现。比如说，她对唱歌感兴趣，所以就愿意去学，足够用心，自然也就记住了。戴小璐丢三落四的毛病，与爸爸妈妈的教育方式也有关系，因为爸爸妈妈对待她的健忘，要么是批评，要么是包办代替，这些方法都不利于戴小璐建立起做事用心的好习惯。

其实，让戴小璐改掉"健忘"的坏毛病并不难。我建议戴小璐从养成一些生活的好习惯入手。比如，睡觉前把衣服叠好，看完电视把遥控器放回原位，吃完水果把果皮收拾干净……这些看似细节的生活习惯，对戴小璐克服"健忘"非常有帮助。因为这些好习惯可以帮助她形成做事有条理、认真的素质。这样的素质对学习大有裨益。其次，要学会给自己适度的惩罚。比如，忘了带课本，不要再让爸爸妈妈送来，而是自己承担粗心大意造成的后果，这样做，会渐渐养成为自己负责的好习惯。最后，掌握一些防止遗忘的方法，比如，临睡前检查一下书包；准备一个精美的小本子，把老师布置的事情第二天要带的东西都写在本子上，然后一一对照检查。

我告诉戴小璐，当自己通过努力取得成效时，信心会大增，就会更愿意坚持这些好习惯了。戴小璐听了，高兴地点头，离开咨询室时，她对我说："看来我的脑子没有问题，这下我放心了，早知道我就早点来做咨询了，省得担心这么长时间。"

我轻轻地拍着她的肩膀鼓励她，她开心地笑了，浅浅的酒窝里再次盛满了微笑。

**克服健忘的小妙招**

做事有条理:做事有前后顺序,有条不紊。这样能保持头脑清晰,对促进记忆有很大好处。

学会负责:对自己的遗忘负起责任,给自己一些小惩罚,可以避免丢三落四。

学会用记事本:好记性不如烂笔头,把要做的事情写在记事本上,避免遗忘。

想嫁入豪门，
还用努力学习吗？

老师:

您好!

先给您讲讲我家最近发生的一件事情吧!我有两个表姐,大表姐从小学习努力,现在正在读研究生,而我的二表姐,从小学习不好,也没考上大学。不过,因为她长得漂亮,找了一个很有钱的男朋友,现在快要结婚了。她那天给我看了她男友送给她的礼物,有化妆品,衣服,还有首饰什么的,真是太漂亮了。更夸张的是,她男朋友还送她一套海边的别墅,说她随时可以去度假。你说,她是不是幸福到家了?

连我阿姨都说,别看二表姐读书不多,可福气不小呢!我看也是,大表姐还没开始工作,二姐已经是富婆了!

我偷偷地想,我比两个表姐长得都漂亮呢,将来嫁一个富翁不就得了。我们现在学习,考大学,不就是为了有份好工作,多挣钱,让生活过得好吗?嫁个富翁一样可以有钱啊,一样可以过好日子呀,既然这样,我们干吗还要辛辛苦苦地学习呢?

奶茶豆豆

奶茶豆豆：

你好。你提出了一个很有意思也很值得探讨的问题。

那就让我们先从上学的意义谈起吧。你说，上学就是为了考大学，为了有份好工作，为了让生活过得好。你说的没错，不过，还是不够全面。我们生而为人，有着很多的心理需求，心理学家马斯洛将人的心理需求由低级到高级划分了五个层次，分别为：生理需求、安全需求、交往需求、被尊重的需求、自我实现（是指个人的潜在能力、天资在发展过程中的不断实现）的需求。而你所说的"活得好"更多地停留在生理的需求上，比如，吃得好，穿得好，但是别忘了，我们还有高级需求呀，比如被尊重、自我实现的需求呀！

我们都熟悉的居里夫人，她就是尽最大可能完成了自我实现的人。虽然她经常面临很艰苦的环境，但是出于对科学的热爱和想要为人类造福的崇高使命，她全然地投入到了科学研究中。她为此赢得了世人的尊重，也最大可能地实现了自己的人生价值。

虽然不是人人都能成为居里夫人，但是我们每个人来到这个世界上，都可以尽自己所能为这个世界贡献属于自己的力量。比如，我曾在网络上看到几个年轻学生，为了拯救早产的婴儿，他们一起研发大家都能用得起的保温箱，让偏远地区的很多早产儿因为有这样的保温箱而得以存活。这就是对世界非常有意义的贡献呀，也是在实现自己的人生价值。而上学学知识，是我们实现这些需求的重要途径。

也许你说，我也可以赢得别人的尊重呀，有钱了地位不就高了吗？但是，仔细想想，这种完全依赖于别人"发光"的状态，多少还是很被动吧。而别人的自我实现，自然也不能代替你的自我实现，哪怕彼此关系是最亲密的夫妻。可见，嫁个有钱人，并不能满足我们所有的心理需求。

当然，你也可以说："我可以不追求过多的尊重，也可以不去自我实现，我只要他永远爱我就可以了。"虽然没有高级需求满足的人生难免遗憾，但选择这样的活法，也不是说不过去。问题是，你还是希望对方爱你的不是吗？那现在我们就针对爱情这个问题来说一说！

我想告诉你一个事实，那就是爱情是需要条件的，想想看，我们爱上一个人，肯定是因为欣赏他的某些品质，同样，对方爱上我们也需要我们有可被他欣赏的条件。你可能会疑惑了："我有美貌啊！爱美之心人皆有之，美貌是最大的撒手锏呀！"对，你想的没错。但是，心理学家发现，美貌有一个"趋中效应"，说的是再漂亮的人，看久了，也不那么漂亮了；同样，再丑的人看习惯了，也不那么丑了。这样看来，把所有的魅力寄托到美貌这一点上，实在是风险太大了，更何况再美的容貌也会有衰老的一天！而那些内在的魅力，比如说心灵富足，性格的魅力，智慧的头脑则是随着岁月的流逝越来越有光泽的。而知识，是修炼这种魅力的很好的途径，我们努力学习，是积累知识的重要途径。这样看来，就算仅仅是为了把握一份美满的爱情，我们也是需要好好学习的。更何况，除了爱情，我们还有很多很多的人生理想呢！

明白了这些，就沉下心来，用心学习吧！相信拥有美貌的你，加上一个智慧的头脑，会成长为一个充满魅力的女孩子。那个时候，你也会具备更多选择爱情的机会，说不准，到时候光有钱的富翁已经不能满足你的品位，你要找的是富翁中的佼佼者，最起码得人品端正，博学多才吧！

李玲

**努力学习的三大理由**

拓展生命宽度：知识是无穷无尽的，学习也没有尽头。当你学习的知识越多时，你会发现，以前的自己是多么无知。很多知识都不清楚，甚至没听过。通过努力学习，我们可以拓展自己的生命宽度。

收获高质量人生：学习是每个人成长道路上的启明灯，不仅为我们提供了丰富的精神食粮，还陶冶了情操，使我们知道该如何拥有一个高质量的人生，同时通过学习不断认知自我、提升自我。

满足求知欲：有人通过学习认识自己；有人通过学习提升自己；有人通过学习开阔眼界。学习让我们对这个世界的认识更加深入，对生命的领悟也更加深入。

生命不是要超越别人，
而是要超越自己

生活镜头

我们喜欢与熟悉的朋友在一起聊天，但是当着陌生人的面说话有时候会紧张；我们在班级竞赛的时候，不那么紧张，但是参加市级竞赛却觉得很紧张……生活中，一旦我们习惯的环境被改变，我们就会感觉到紧张、不安、焦虑。

心理学家把那个我们适应了的、愿意待着的区域叫作"舒适区"，而我们面对一个新的环境或者新的状态时，则需要突破"舒适区"。

## 生活镜头

小语是一位初三的女孩，她很讨厌和那些性格强势或者爱耍小聪明的同学来往。一直以来，小语的朋友也和她一样都是简单而直爽的人。

去年暑假，小语参加了一个夏令营，那里没有熟悉的朋友，新结识的几个同学，都显得很精明，同时也很喜欢竞争，这一切，都让小语感到很不舒服。好在有一个女孩和自己差不多，也是那种简单不爱竞争的人，于是，小语和这位女孩成了好朋友，平时吃饭休息只愿意和这位女孩在一起。老师几次找小语谈话，希望她能与更多的同学交流，但是小语却不肯。所以，在老师眼里，小语成了一个比较孤僻的孩子。

后来，她的那位唯一的好朋友，提前离开了夏令营，小语感到特别孤独，置身于同学中感觉很不舒服。

从那以后，她很怕出去参加活动了。

## 不进则退的心理舒适区

有心理学家将人类对外部世界的认识形象地以海水为例分为三个区域：岸边、浅水区、深水区。而岸边这个区域，对应的就是"舒适区"。

假如你是一个不会游泳的人，一定是感觉待在"岸边"的舒适区最安全、最舒适，而每往前一步，心里的恐慌和不安就会增加一分，因此，很多人宁可待在岸边的舒适区。

结合上文中的案例，小语的心理舒适区就是与不爱竞争的同学交往。

但是我们发现，这个舒适区并不是一成不变的，海水有涨潮的时候，你所在的舒适的岸边有可能会被淹没，如果不加以拓展，你的舒适区将越来越小，最终，原本是舒适区的地方会消失，站在原地的你，也会被恐慌和不安困扰。而以前的非舒适区，则会更令你感到不安和恐慌。

小语试图原地踏步，躲避风险，而随着事态的发展，她并没有办法保持原有的安宁与舒适，比如，她唯一的好朋友离开夏令营后，她就非常孤独了；而且，现在，她变得不敢去参加外面的活动了。

由此可见，心理舒适区遵循着不进则退的原则，只有不断地拓展，突破自己的恐惧，增加自己的适应性，才能保留舒适区，进而感觉踏实和安定。

## 心理舒适区被破坏后的两种反应

有这样一个寓言故事：从前，有一群洁白的鸟儿飞过一片原野，忽然发现，原野上洒满了它们爱吃的稻谷。鸟儿们非常开心，它们飞落到原野上，开始了它们的美味大餐。

不过，很快这些稻谷就被它们吃完了。这个时候，有的鸟儿提议，我们继续飞翔吧，也许前面还会有洒满稻谷的原野，然而，有几只懒惰的鸟儿却认为，何不在这里等着，看看还会不会有稻谷出现。争执不下，鸟儿们只好分道扬镳。愿意去寻找稻谷的鸟儿飞走了，想要等候的留下了。然而，稻谷最终没有出现，这些留下的鸟儿越来越饿，它们已经失去了飞翔的力气。恰好有一只家鸡路过，于是，将这几只饿肚子的鸟儿带到了一个农夫家里，农夫给了这些鸟儿吃的，代价却是将它们圈养起来。开始的时候，被圈养的鸟儿很想念蓝天白云，后悔没有跟着伙伴们一起飞翔。但逐渐地，它们觉得这样也挺好，虽然没有了自由，但有吃有喝，于是，又感到了满足。

冬天到了，那些飞翔的鸟儿掠过丛林，飞过湖泊，飞到了温暖的南方；而那些被圈养的鸟儿，吃的肥肥胖胖，本以为无忧无虑了。有一天，农夫将它们放了出来，却将屠刀举向了它们。这些鸟儿忽然想到，自己有翅膀，可以飞翔啊。可任凭它们如何扇动双翅，都飞不起来，原来长久未用的翅膀已经退化了，失去飞翔的能力，最终，它们倒在了农夫的屠刀下。同一种鸟儿，不同的选择，不同的命运。飞走的那些被称作天鹅，留下的那些成了普通的家鹅。鸟儿们的不同选择，正代表了人们面对舒适区被破坏后的两种反应。一种是退避。可能会获得一时的安宁，但却隐藏着更大的不安。一种是进取。可能会面临新的不安和挫折，但却孕育着希望。

选择哪一种，你的心中已经有答案了吧？

## 拓展心理舒适区的四种方法

培养好奇心：好奇心是我们探索世界的动力。对生活保持好奇，你就有了探索的勇气。而探索本身，就是一种尝试，一种突破，一种前进。这一点不妨向充满童趣的小孩子学习，遇到不懂的事情多问个为什么，同一个问题试着从不同的角度去解决，对于感兴趣的事物试着去尝试。不知不觉中，你已经在拓展自己的舒适区了。

感谢不安：遇到陌生人我们会感到不安，面对挑战我们会感到不安，处于新环境我们也会感觉不安……不安虽然让我们不是那么舒服，但却是我们获得成长和突破的契机。因此，面对不安，我们先问问自己，它会给我们带来成长吗？然后在内心中对能给你带来成长的不安真诚地说谢谢，然后接受这种不安，带着不安奔向你的既定目标。你会发现，用不了多久，这种不安就不见了。这个时候，你已经成功地拓展了你的舒适区。

经常来点新鲜感：生活需要激情和活力，而激情和活力是突破舒适区的动力。经常来点新鲜感，是保持激情和活力的妙方。试着去攻克一道难题，再或者是去做一件一直想做却没勇气做的事情，比如，向好朋友说出曾经的误会，在众人面前演讲，或者向某杂志投稿……新的尝试会带给你新的感觉。不知不觉中你具备了突破舒适区的素质。

学会延迟满足：如果一个目标困难重重，你还会去完成吗？如果一个付出暂时没有回报，你还会付出吗？要知道，我们每个人都希望尽快品尝到胜利和成功的"糖豆"，但实际上笑到最后的却常常是愿意推迟吃"糖豆"的人。为了获得更大的成功和更广阔的安定，他们愿意在不安中逗留更长时间。可见，学会对困难的忍耐，更有助于拓展舒适区。

忧伤,
总出现在看不见的地方

老师：

　　您好。

　　我自认为我还是蛮有毅力的。从刚上初中时，就坚持早上起来跑步，当时和我一起坚持的还有好几个同学，后来没过多久，他们都陆续放弃了，而我却坚持了下来。大家都很佩服我的毅力，我也为自己能做到这点而骄傲。可最近，我对自己的毅力却是越来越怀疑了。

　　我总是不能控制自己的情绪，至于为什么情绪低落，有时候连自己也说不清，可能是因为同学的一句话，也可能是因为老师的一句批评，还可能是因为自己喜欢的男生对自己视而不见，当然，更多时候，是说不清理由的烦闷。

　　这些坏心情，对我的影响很大，有时候听着课写着作业，这坏心情就来了，不知不觉地，我就陷入淡淡的忧伤当中，等缓过神来，已经好半天了。我试图用毅力去克服这些糟糕的心情，可好像不管用。我和我的几个好朋友也谈起过这个事情，她们说她们也常常如此。为什么会这样呢？我们该如何克服坏情绪呢？

小晖

亲爱的小晖：

谢谢你的信任，我们先来一起了解一下情绪的特征吧！不仅你和你的几个好朋友有这样的困惑，如果我们肯去了解，你会发现，几乎所有处于青春期阶段的少男少女，都会有这样的烦恼——有时候，是强烈的喜爱和憎恨，有时候又是淡淡的忧愁和迷茫。而在这种情绪的驾驭下，我们会觉得自己无法全心全意投入学习，觉得自己不及小时候开心快乐，我们感到烦恼、恐慌和不安。于是，有很多同学也像你那样，试图用自己的毅力来克服坏情绪，但通常都是无用的。因为情绪很大程度上，是不受意志控制的。

不过，这并不表示我们对待坏情绪，就只能听之任之，实际上，只要我们采取恰当的调整方法，那些坏情绪还是很有可能会乖乖地听话的。

首先，我们最应该做的是接纳这些坏情绪。我们可以把情绪想象成宠物，宠物在听话的时候，我们接受它，但也不应该在它不听话的时候，嫌弃它。因为听话和不听话都是它，情绪亦是如此。当我们告诉自己，坏情绪也是自己情绪的一部分，波动的心境也是我们美丽青春的组成时，我们就会少很多无谓的抵抗。而一旦我们不再和坏情绪较真，它的影响力也就没那么大了。

我们可以想一想，对一只宠物来讲，它最大的渴望是什么呢？嗯，没错！就是渴望被我们关注！其实我们的情绪也是一样，当它被关注的时候，它在很大程度上就得到了"满足"。

教给你一个"关注"情绪的好方法吧——在情绪反应比较剧烈的时候，拿出纸笔，将内心的情绪反应写下来，想怎么写就怎么写，写的这些东西不需要给别人看，甚至不需要保存。你写完之后，可以把它撕掉。但是，在写的这个过程中，你的情绪就被关注了，被承认存在了的情绪，就会"乖"很多。当然，如果有知心的朋友，也可以与好朋友聊聊自己当下的心情，一旦获得理解，心里也就好受多了。不过值得注意的是，我们千万不要把对方当成垃圾桶，当我们心情好的时候，内心有力量的时候，也要记得给对方提供精神支持。如此，朋友才会越来越愿意倾听我们的心声。

调整情绪还有一个好方法，那就是转移注意力。你无法控制情绪，但是你可以控制自己的身体。当陷入情绪的泥淖无法自拔时，不妨离开当前的环境，出去走走，晒晒太阳，感受下微风，赏赏花看看草，一旦注意力被转移了，心情也就没那么糟糕了。

给自己的坏情绪安排个时间，也是一个不错的方法，这样做既代表接纳了坏情绪，也不至于让它放任自流。比如说，将放学后的半小时或一小时留给坏情绪。其他时间，只要坏情绪一出现，便可提醒自己，"放学后才是伤心的时间，现在，我先来做自己的事情吧！"

不得不说，体育锻炼对调整情绪是非常有效的。运动时，大脑会产生一种兴奋物质，不但会让当时的坏情绪消失，还会对做其他事情起到良好的促进作用。打球、慢跑、散步、骑自行车,都是不错的选择,不妨一试。

总之,只要是不伤害自己、不伤害别人的方法,都可以试着用来调整情绪。

当情绪处于比较平静、积极的状态时,我们做起事情来就更专注、更有效率,从而让自己愿意投入更多时间和精力,这其实就是一种持之以恒的品质。如果再读一些名人传记,再有意识地培养一下自己的坚持精神,那良好的心态与坚持的毅力相辅相成,你就更容易取得良好的学业成绩了。

李玲

## 调节情绪的法宝

宣泄情绪:一定要恰当宣泄情绪哦,在不伤害自己、不伤害别人、不伤害环境的基础上,找到适合你自己的宣泄方式。比如,大哭一场或者做做运动,都是宣泄情绪的良方。

转移注意力:比如听音乐、观看演出。不可否认,转移注意力是宣泄情绪的好办法。

走进大自然:去感受一下大树的绿意、花朵的芬芳,走进大自然,让情绪得以放松。

## 摆脱消极思维，远离灰暗人生

老师：

您好！

我是一个性格内向的女孩子，昨天我听到老师对我妈妈说，我的思维很消极，我听了之后，很难过。

小时候，我不在爸爸妈妈身边，后来回到爸爸妈妈身边，他们对我也比较严厉，动不动就责骂我。现在，他们对我好了一些，但是大概是这样的原因吧，我的性格的确比较闷，遇到事情容易往坏处想。

我妈妈说我不管干什么事情，总是看起来懒洋洋、没精打采的，说话的时候，也经常表现出消极的态度。比如，周日的时候，一家人准备一起坐火车去郊游，因为起得有些晚，时间比较紧张，爸爸催促快一点，我就想肯定赶不上火车了！结果我一说出来，就被妈妈训了一通。

出了门，天气有点阴，我当时就觉得，出来玩，赶个阴天没意思，于是说"真是烦死了，赶个阴天，真没意思！"结果我妈妈听了心情不好，狠狠地瞪了我一眼。

到了爬山的时候了，我也很没有精神，我说："我才不爱爬山呢，费了半天劲，爬上去还得再下来。"妈妈听着我的抱怨，简直忍无可忍了，对我大发雷霆，觉得我说话特别煞风景。

我想问问老师，这就是消极思维吗？是怎么形成的？我该怎么办呢？

空空

空空：

很感谢你的信任，在这样的年龄，能对自己的思维方式进行审视，这本身就说明你有一种对自己人生负责的态度，很令人佩服呢！

正如你所说，消极思维的形成，与我们从小所处的成长环境，有很大的关系。比如心理学家发现，对孩子的心灵伤害最严重的就是来自父母的"破坏性批评"。这些痛苦的记忆，深深刻在孩子心中，严重影响孩子的成长和发展，直接导致了害怕失败、害怕被拒绝、胆小、懦弱、犹豫、忧虑、遇事找借口等消极心态。比如，有些家长不善于站在孩子的角度考虑问题，不尊重、不理解、不信任孩子，总是很主观地对孩子提出各种命令和要求。其实对孩子乱下命令，乱提要求的做法，只能起到发泄家长自己不良情绪的作用，却不能有效地解决孩子的问题，并且会使孩子变得越来越消极，心理问题变得越来越多，越来越严重。

还有些家长可能经常说"你如果……看我不揍你！""你如果……就别回家来！"如果经常对孩子进行警告和威胁，会让孩子越来越不信任家长，他们觉得碰到问题时不能找家长，因为找家长只会被批评。这种不安的心理状态，会让孩子自卑。

也有一些家长不允许孩子犯错误，对孩子的错误大加责骂，认为这是为了孩子好。殊不知，当孩子的自尊心被伤害了后，他们的自信心也就坍塌了，会觉得自己不如别人，什么都做不了。久而久之，形成消极的个性。

另外,有些家长比较溺爱孩子,其实不是真正的爱,而是一种家长出于自己一厢情愿的需求给予孩子的爱,忽视了对孩子独立的尊重和能力的激发。比如,有的家长过分关注孩子的身体健康,却不关注孩子的心理健康;有的家长千方百计地照顾孩子,却忽视了孩子独立能力的培养。结果,孩子可能因为父母的溺爱养成一些自私、害怕挫折、好吃懒做、缺乏进取心等一些不好的心理素质和不良行为习惯,使孩子的心理问题变得越来越多,越来越消极。

说了这么多引起消极心理的不正确的家教方式,并不是要将责任推卸给爸爸妈妈。而是想让你意识到,在这个世界上完美父母真的很少。大多数父母,在教育孩子的过程中,都会有这样或者那样的问题。但是,这并不代表我们就没有了选择。在成长的过程中,我们自己也可以自由地选择很多事情,比如,当我们意识到自己的思维有些消极的时候,是可以主动做出一些改变的。举例来说,我们可以有意识地远离一些消极的信息。当爸爸妈妈在自己面前谈论消极的人、消极的事的时候,我们可以主动去提醒爸爸妈妈不要这么说。平日里,我们与好朋友聊天,也要多使用积极的语言。在生活中,可以多关注一些积极的、乐观向上的事情,并且试着把这些事情记录下来,因为在记录的过程中,我们就又重新体会了一遍美好的事物,这对我们形成积极乐观的思维是非常有好处的。

找优点也是培养积极思维的好方法。比如,你不妨倡导在家里开展找优点的家庭活动。大家坐在一起,互相找找对方的优点，说说对彼此的感激。这个过程中，能很好地帮我们找到积极地看待事物的阳光视角。其实，爸爸妈妈也是需要被鼓励的，如果你学会了发现他们的优点，也许，他们也会变得越来越乐观，进而促进你形成积极思维！

除此之外，在行为方式上，我们也可以变得积极起来，这也会对我们的心理状态造成积极的影响。比如，在课堂上主动发言，大声说话；走路时，抬头挺胸、步伐矫健；说话时，目光注视对方……这些外在的行为，都有利于积极思维的培养。

最后，建议你养成体育运动的习惯。大量研究表明运动尤其是有氧运动，可以改善心情，减轻焦虑，消除消极情绪。你可以利用周末的时间和家人一起爬山、游泳、骑车、打球等，让自己在运动中找到自信，变得乐观、开朗。

怎么样，我们的办法还不少吧！那就行动起来吧！成长过程中，无论欢笑还是泪水，都可以成为我们变得更加优秀的踏板，相信你可以的！

李玲

### 让思维乐观起来的小妙招

多运动：乐观的情绪可以通过适当的体育运动来获得，适当的体育运动不仅能够有助于提升你的体质，同时也能够调节你的情绪，能够让你乐观起来。

多与乐观的人交往：思维方式会受其他人的影响，多与乐观的人交往，你会变得乐观起来。

学会幽默：遇到不顺心的事情，幽默以待，你会发现其实没什么大不了，久而久之，你会变得乐观起来。

# 成绩很优秀，为何还想退学？

咨询手记

坐在我对面的孙晓萌低着头，齐耳的短发滑落下来，遮住了脸庞。良久，她才抬起头来，一双被泪水浸泡过的眼睛肿得像桃子，而此刻，刚准备开口，泪水却又涨起，漫过眼眶，顺着白皙的脸庞滑落下来。

"我真的读不下去了，我不敢让我妈妈知道这一切，我不敢想象她知道后会是什么样子！我该怎么办啊……"孙晓萌哽咽着说，嗓音有些沙哑，我能推测，在来咨询室之前，她一定哭过很多次。

在一所重点中学读书的孙晓萌，入学时成绩名列前茅，很难相信，她走进咨询室却是因为要退学。在我的鼓励和安慰下，孙晓萌的情绪逐渐平静了下来，我也终于了解到了她要退学的原因。

孙晓萌是在众人的宠爱中长大的，在家妈妈宠，在学校老师宠，就连街坊邻居看到孙晓萌也是满脸的羡慕和赞赏。也难怪，孙晓萌不但长得漂亮可人，学习成绩也特别优秀。钢琴、书法、绘画，她样样都会，是大家眼中的小才女。去年九月，孙晓萌以全校第一名的成绩考入了重点中学，在妈妈的陪同下，孙晓萌离开家乡，来到了现在这所学校。妈妈帮孙晓萌安顿好后，由于工作忙，不得不马上离开，孙晓萌虽然从未离开过妈妈，但是，对住校生活的新奇，让她很开心地对妈妈说："您放心吧，我肯定会过得很愉快的。"

"来这里上学不是让你开心的，是让你好好学习的，一定要考第一，将来才能上好高中，好大学，才能有好工作……"妈妈郑重其事地说。

"好的,好的,我会的!"孙晓萌回答。

然而,孙晓萌没有想到,一系列的不顺利正在悄悄地拉开帷幕。

那是刚开学后的一个周末,孙晓萌因为有点发烧没有去上晚自习,准备躺在床上看书,可是,宿舍里两位室友也没去上晚自习,她们一边听音乐,一边聊班里的一个男生。孙晓萌感到很烦,她掀起帘子喊道:"你们俩还让不让我看书!"两位室友先是一愣,其中一个室友反唇相讥:"要看书你可以去自习室啊,谁也没规定宿舍不能讲话吧!"面对毫不示弱的室友,孙晓萌又委屈又气愤,双方又争执了几句,最后室友狠狠地抛下一句"你以为你是谁啊!"令孙晓萌哑口无言。从小到大没有被这么对待过,孙晓萌的心里别提多难受了,她委屈地在帘子里隐隐啜泣。

平时在家里,生活上的任何事情,都是妈妈一手包办,自己唯一的任务就是学习。可是到了这里就不一样了,什么事情都得靠自己。第一次洗衣服,洗衣盆不小心从水池上翻了下来,新换的衣服被浇得湿漉漉,孙晓萌原本火热的心彻底冰凉了。最让孙晓萌寒心的是另一件事情:有一次,她的洗澡卡丢了,她急匆匆地跑回宿舍,向室友借卡,可是一圈借下来,竟然没有一个人愿意把卡借给自己。委屈像闷雷般击在孙晓萌的心上,她流着泪跑出了宿舍,独自一个人在操场的小角落坐了很久很久……

我问孙晓萌,面对这些困难时,她除了独自哭泣,有没有想别的办法，比如：打电话向妈妈求助，或者和同学们好好沟通。然而，孙晓萌的回答却让我感到非常揪心。

"我和妈妈说过。刚开始，妈妈还开导说，在这里除了学习，其他都是次要的。后来妈妈听说我在室友面前流泪，就在电话那端骂我没有出息，为什么让别人看到自己的脆弱。现在，我每次打电话都和妈妈说我挺好的，其实……"泪水再一次漫过孙晓萌的眼眶。

在接下来的谈话中，我了解到在孙晓萌六岁的时候，爸爸和妈妈离婚了。为了孙晓萌，妈妈一直没有再婚。在孙晓萌眼里，妈妈相当能干，不但在家一切家务做得好，而且在单位工作也很优秀，是骨干。这些年，在妈妈的努力下，家里的经济情况比离开爸爸之前还要好。

虽然孙晓萌知道，妈妈过得不快乐，但是，在街坊邻居面前，妈妈却从来都是笑容满面快乐的样子。再加上有成绩这么优秀的女儿，街坊邻居们都对妈妈羡慕得很，尤其晓萌考上重点中学，更是为妈妈挣足了面子。妈妈就盼着孙晓萌考上北大的那一天。

但最近一次考试，孙晓萌的学习成绩下降得实在厉害，竟然有两门需要补考，她真的不知道该如何面对妈妈了。

望着我对面这位清瘦的女孩，听着她哽咽地叙述，我知道，她内心承受的已经超过了她的极限。不难看出，学习成绩的下降，等于唯一支撑孙晓萌自信的支柱坍塌了，现在的她极度自卑，而这自卑，反过来让她更焦虑、更敏感，从小缺少独立处理问题能力的她，产生退学的念头实际上是一种逃避，并不能真正解决她的问题。

我并没有直接从提高学习成绩的角度入手，而是试图让孙晓萌能真正融入集体，当她周围的环境改变，她的心情放松，以她的学习能力，提高学习成绩应该不是什么问题。于是我轻轻地问："你愿意尝试和室友改善一下关系吗？"

我敏感地察觉到，一丝亮光在孙晓萌浮肿的眼眸中闪过，但又转瞬即逝。作为社会性动物，每个人都需要集体的接纳。我相信，孙晓萌一定也有着强烈的被接纳的愿望。

"可是，我和大家根本融不到一起。反正，我就是觉得我根本没有办法和她们说到一起去，觉得她们特别俗！"孙晓萌闷闷地说。

人与人关系的建立需要圈子，比如说，喜欢打球的几个人容易形成亲密的关系。可是很显然，孙晓萌的生活圈子，和别人很少发生"交集"，自然就很难和别人拉近关系了。于是，我对孙晓萌说："也许你一时无法对别人的爱好感兴趣，但是一定要做到尊重别人的生活方式，当你抱着一种尊重的态度时，就容易欣赏别人、接纳别人了。逐渐地，也可以试着了解一下她们的兴趣，或许你可以体验到从未有过的快乐！"同时，我也建议孙晓萌在自己能力范围内能多帮助其他人。刚开始，不要想别人怎么回报自己，只是单纯地付出，她不仅会越来越受欢迎，而且有利于她在人际交往中信心的建立，让她和室友的关系进入一个良性的循环。

孙晓萌说她愿意尝试一下。我知道，她的内心中有改变现状的愿望,但是,同时她也要做好付出艰辛努力的心理准备。因此,我觉得家人的支持是非常必要的,我建议她写封信给妈妈,把这一切都和妈妈好好说说,也可以让妈妈来做一下咨询,帮助女儿渡过这次心理危机。

不久后,我接到了孙晓萌妈妈的电话,电话里,孙晓萌的妈妈很愧疚地说,以前她只是关注女儿的成绩,却不了解女儿的压力,幸亏女儿给她写了一封长长的信,她才知道女儿心里原来有那么多压力。她表示,愿意帮助女儿度过这段艰难的时光。

几个月后,我再次接到了孙晓萌的电话,她告诉我,最近一次考试,她各科成绩都进步不少,虽然离自己的目标还有距离,但是她会继续努力的。最关键的是,她和同学的关系改善了很多,前两天生病,室友都很贴心地照顾她呢!

我由衷地为孙晓萌高兴。看来,在成长的过程中,孙晓萌通过自己的努力,完成了一次心灵的蜕变与成长。

**学习中,学会给自己减压**

注重品质的培养:耐心、毅力、不怕失败……这些可贵的品质对于学习来讲都很宝贵,不要仅仅盯着分数看,而是要看到在学习的过程中,这些品质有没有被建立起来。

学会劳逸结合:专注地学习固然重要,学会放松休息同样不可小觑。

建立多个价值支撑点:多培养业余爱好,与周围人建立良好的人际关系也很重要,千万不要将学习成绩好当作唯一的价值支撑。

# PART 6

学业

**仰望星空,
少年的路在脚下**

# 爱提问题,缺点?优点?

老师：

您好！

我很喜欢提出问题，所以上课时我总是向老师提出许多问题和观点。因此，我懂得了很多新知识。可是久而久之，一些同学越来越不耐烦，还说我"事儿多"，我心里很难过。老师，您觉得呢？我是不是真的"事儿多"啊？

小景

亲爱的小景：

你好。喜欢思考和提问，是一个很好的习惯，我要大大地表扬你呢。

由于这个习惯你也有了不少的烦恼，比如说同学觉得你"事儿多"。我们每个人的内心都有一个需求，就是渴望得到别人的认可，当有些人不认可我们时，我们内心就产生了矛盾。对你来讲，最好的状态是大家都认可你提的问题，这样一来你既能够发挥自己的优势，同时又能得到别人的认可，这是最美满的了，但事实上，我们在生活中、学习中不得不面对一些遗憾，这个时候到底该怎么选择呢？

我想要跟你分享一个小故事：几只青蛙参加一场赛跑

比赛，它们的目的地是一座塔的塔顶上，青蛙们的比赛在观众们热切的关注中开始了，忽然有人说："青蛙是爬不到塔尖的，从来没有发生过这样的事情。"话音刚落，一只青蛙放弃了。"看呀，这简直就是瞎胡闹嘛，已经有青蛙放弃了！"紧接着又有观众议论道，这时第2只、第3只青蛙也放弃了。观众的讥笑声此起彼伏："开什么玩笑，这些青蛙简直疯了吧！""是呀，它们也不看看自己是谁？据说只有老鹰才能飞上去呢"……就这样，观众们你一言我一语地议论着，也有越来越多的青蛙放弃了比赛。最后，只有一只青蛙成功登上了塔顶。大家惊讶极了，有人说它简直是只神蛙，也有人说这是王者的化身……这时候有个记者赶过来采访这只青蛙，问它是怎么登上塔顶的。然而这只青蛙面对记者的提问无动于衷，这时大家才发现，原来这只青蛙是聋子呀！

亲爱的小景，通过这个小故事，聪明的你一定得到了启发吧！是的，如果过分看重别人怎么说，有时候是会耽误"大事"的，因此，只要自己做的事情是正确的，是有道理的，就不用太在意别人的目光和说法。当然了，这里说的不在意，一定是在正确和有充分道理的前提下，否则一味地坚持己见就成了固执了，是不可取的。同时，在自己有道理的前提下，我们也可以通过协调，让自己做的事情能兼顾大多数人的利益。比如，拿你上课提问这件事情来讲，其实你除了向老师提问，也可以课下和同学们一起探讨，这样，大家对你的问题都有了一个认识，老师在回答你的问题的时候，大家也因为有了准备而更加受益。另外，适当地把握时间也很重要，有时候，我们进入到"问题"状态，会不停地产生问题，如果沿着这个状态下去，恐怕就会占用很多时间。那么怎么办呢？当你意识到已经占用了挺多公共时间时，就可以把你更多的问题先记录到本子上，课下找老师单独请教。

总之，这个世界上很多事情从来不是非黑即白，也不是要么能做要么不能做，其实更多的是中间地带，也就是怎么做更合理，怎么做更可行。我们需要慢慢总结经验，找到适合的方法。最后，祝愿你更好地发挥自己的优势，同时，也能让你的优势，带给更多人收获和成长。

李玲

**如何不那么在意别人的目光**

明白自己的目标是什么：目标越笃定，越不容易受别人的影响。

**培养钝感力**：所谓钝感力就是对于和自己目标无关的事情，不大理睬，也不做出反应。你越是稳定，别人就越少试图去动摇你。

有更高格局的认识：每个人的认识都是有限的，有不少人更是人云亦云。如果你有更高格局的认识，就会明白，自己没有必要被这些看法牵着走。应该走自己的路，让别人去说吧！

# 我为什么不敢放松？

多多是一位正在读初二的女生，因为失眠问题而走进咨询室。"我躺在床上，大脑就像拥挤的马路，被各种画面挤得水泄不通。我一会儿想，我的同桌现在可能在努力学习；一会儿又想我考了全班的倒数，大家都在嘲笑我；一会儿又想到爸爸妈妈拉着脸批评我……就这么折腾着，翻来覆去睡不着，而且要考试了，失眠会影响第二天的学习效率，我就更着急了。"

很显然,多多的失眠和她内心的焦虑有着很大的关系。多多告诉我,每次考试前夕,她都会失眠。"不过,我从来就没有放松过。"多多叹了口气。她很羡慕那些能听音乐、打游戏、睡懒觉的同学,但是她自己却不敢放松,总是像一台机器一样无休止地学习。"我有时候看几眼电视就会心慌,总觉得别人在学习,我却在看电视,心里就很不踏实。"

"那就是说你除了吃饭、睡觉等必需的休息时间,其他时间几乎都在学习?"

多多点点头,说是这样的。

我请多多做个练习,让她在纸的中央写下大大的"放松"两个字,并在"放松"的周围写下放松之后可能会出现的后果。多多稍稍思考后,写下了很多个后果:考试不及格、父母会训斥、耽误学习、将来考不上大学、被同学赶超……可见,在多多心目中,放松绝对没什么好果子吃,难怪她一直不敢放松呢。

我又请多多写下"放松"的反义词"紧张",同样请她写下可能会出现的后果。多多想了半天,写下的内容和"放松"是差不多的。多多看着两张纸,不由地皱了皱眉头,然后笑笑,无奈地说:"看来都没有好果子吃。"

我也笑了,我告诉多多,我们对一件事情的理解,往往是受思维方式的影响,比如,我们习惯于用消极的思维去思考问题时,看到的常常是问题的消极面,而一旦跌入消极的陷阱,我们就不能主动去寻找解决的办法,也不能自由地对事物进行把控。我建议多多换一个角度去理解"放松"和"紧张",多多露出迷茫的神色。为了帮助多多完成这个练习,我请多多先在心里找一个既会学习又会放松的同学,多多想到了班里的学习委员。"她成绩很好,但是活得很滋润,唱歌、跳舞、听音乐,干很多她喜欢的事情,我可羡慕她啦!"

"那好,现在你想象一下,你变成了学习委员,然后,来重新做这个练习。"

多多很快进入了状态,她在纸上写下了"提高学习效率、让注意力更集中、生活更有乐趣和激情……"多多惊喜地发现,这次的练习和前一次有着很相似的地方,那就是"放松"和"紧张"的后果都是差不多的。

"为什么会这样呢?"多多不解地问。

我告诉多多,这就再一次证明了我们思维方式的重要性。当你乐观积极地看待事物的时候,就会发现事物有利于自己的一面,可以被把控的一面。当放松可以带给我们好处,我们就不会惧怕放松,而是利用它来提高我们的学习效率;而紧张,也是学习生活中难免会出现的状态,不过,只要我们不惧怕它,不排斥它,它也会发挥出很多积极的功效。比如,心理学家就曾研究发现,适度的紧张的确会提升做事的效率。当然,前提是适度。而什么是适度,就需要我们在生活和学习中不断地去总结、去把握。我们可以通过做计划的方式,来分配放松和紧张的时间,直到能驾驭自如。

多多笑着说:"看来,是我想问题太消极了。以后我要多向学习委员学习。"

一个月后,我收到了多多的来信,她说,她已经敢拿出一些时间让自己放松了,她会听听音乐,看看课外书,甚至还会和同学去溜溜冰。她发现,这样放松之后学习效率反而更高了,不像过去,虽然盯着书本,但思绪早就跑到了九霄云外。多多还告诉我,她偶尔还会紧张,但是她一想到紧张也有好处,竟然就没那么紧张了,那种焦虑不安的感觉竟然也就不知不觉地消失了。

我在回信中发了一个大大的笑脸给多多,并告诉她,我为她获得的成长而开心。

**缓解学习压力的小技巧**

深呼吸:学习累的时候,可以做几个深呼吸。注意,吸气时要让气流抵达丹田位置,呼气时要呼干净,然后再吸气,练习十分钟,你会觉得全身都放松了很多。

听舒缓的音乐:听音乐有助于放松紧张的神经,不过,最好是听舒缓的音乐,而不是过于喧嚣吵闹的音乐。

体育运动:体育运动对减压非常有帮助,要每天安排一个小时的有氧运动。

# 不完美,也是一种美

"拉丁舞没学会,小说也没看完,本来想学摄影,也没有学成……我经常是什么也做不成,真是太失败了,唉!"何浅浅叹了口气,有点无奈。她还自嘲,别人都是美梦成真,而她却总是美梦泡汤。

我让何浅浅说说她美梦泡汤的经过,何浅浅抿着嘴想了想说:"其实吧,我每一次都想得特别好,比如说,学拉丁舞,从学的那天起,我就想学成专业的水平,将来能登上很广阔的舞台去演出；再比如，学摄影，我就想着一定要学成著名摄影师的水平，为此，我还买了很多摄影书籍。但是……但是后来发现，都行不通。"

"为什么觉得行不通呢？"

"可能是我想得太简单了吧，比如说学拉丁舞，开始的时候，我蛮有信心的，但是中途来了一个比我小两岁的女孩，她学得特别快，老师总是夸赞她，还说，年龄越小学得越好，我一听，心就凉了。我已经上初二了，年龄不小了，这不是说我怎么努力，都比不上那些从小学跳舞的孩子吗？于是，干脆放弃了。再比如看小说吧，有一次假期，我一共借了三本，可是，第一本读起来就很生涩，没有读完第一本，看其他两本就不安心，于是，我就抱着第一本"硬啃"，然而越"啃"越无味，浪费了很多时间，最终还是放弃了。然后说学摄影吧，真正学的时候，我才知道，这里的水太深了，比如，别人用的是专业的照相器材，我那个数码相机根本上不了台面，而那些专业相机的价格昂贵，我又买不起，便只能作罢了。您说我是不是点背？想干什么，总干不成。"何浅浅耸耸肩，摊摊手。

我告诉何浅浅，她的美梦之所以不能成真，不是因为她点背，而是过于追求完美。何浅浅睁着大大的眼睛，一边点头一边说："您说的对，我就是追求完美，我特别不能忍耐自己做的事情有瑕疵，如果那样我宁可不做。"

我与何浅浅分享了一个小寓言："一个圆，因为缺了一角，感到非常难过，它决定去找到那缺失的一角。于是，它出发了。由于走不快,它一路上边走边欣赏风景,也认识了很多朋友,渐渐地,竟然忘了自己的残缺。不过,如他最初期望的那样,它找到了自己的缺角。但是,合成圆后,它一下子走得快了,它来不及欣赏风景,也来不及交朋友,它的心里越来越郁闷,它才知道,原来,不必追求完美。"

何浅浅稍稍沉默了一会儿,说:"看来,我就是那个固执地要找到缺角的圆。实际上,很多快乐,很多成绩,不一定非要等到补上那个缺角才能完成。"

我告诉何浅浅,"完美主义的思维方式"实际上并不像听起来那么完美,它实际上是指一种绝对思维方式,即"拥有一切或一切全没有"非黑即白的思维。有完美主义思维方式的人,做一件事通常会有很高很高的目标,但是,一旦这个过程中遇到一点阻碍,或者犯了一点错误,他们就会马上心灰意冷,进而彻底放弃了。正因如此,他们常常与机遇擦肩而过,美梦也就屡屡泡汤了。

"哦,这样看来,我不能把事情想成一个圆,而应该把它当成一个拼图,用自己的努力,一点点地拼,让它从不完美变完美,您说对吧!"

"你还蛮有创造力啊,发明了一个拼图思维。"我笑着鼓励何浅浅。何浅浅也笑了,她说,她要试着用拼图思维来重新思考一下那些泡汤的美梦。"比如,我学拉丁,没有必要因为年龄不是很小就放弃,而是用心学,发挥自己的优势,有可能也能学得不错;再比如,我学摄影,可以先用自己的普通相机，掌握了一定的技巧之后，再慢慢攒钱买一台专业的，虽然我不能一下子成为摄影师，但摄影技术绝对要比现在高很多。"

我对何浅浅能这么快地用"拼图思维"组装自己的美梦进行了赞赏，但愿，经过努力，何浅浅的美梦能成真。

**认识绝对化思维**

"总是"：遇到不顺心的事情，不由得想"为什么倒霉的总是我""我总是这么不幸。"这种"总是……"的消极思维是绝对化思维的表现。

"应该"："我就应该得第一！""他就应该向我道歉！"这种认为"应该……"的思维也是绝对化思维的表现。

"必须"："我必须赢，否则就没有价值！""我必须得到我想要的东西！"这种"必须"的想法，也属于绝对化思维。

绝对化思维是一种非黑即白的狭隘思维，我们应该从中突围出来，养成多角度的思维方式。

# 我一回答问题就脸红

老师：

　　您好！

　　我一站起来回答问题，脸就变得通红，我该怎么办，怎么办呀？

　　我估计，所有的任课老师都对我失望极了，他们一定觉得，这个方芳肯定没有认真复习，所有问题都答不上来，你瞧，她那窘迫的样子！但我向您保证，老师提的大部分问题我都会回答，只是我一站起来，大脑就像失控一般，不听我指挥了。

　　时间长了，我觉得有些任课老师都不愿意叫我了，这让我的心里更加失落，觉得自己真的是被老师忽视了，老师从此更加不信任我、不喜欢我了，我该怎么办呢？我如何做才能像其他同学那样轻轻松松地回答问题呢？

困惑的小芳

小芳：

　　你好。很能理解你的心情，也能够看得出你是一个追求进步、对自己要求很高的女孩子，所以对于上课不能很好地回答问题，才会如此在意——你不仅仅在意自己会不会回答问题，也在意老师和同学对你的评价；你不仅仅在意问题本身，也不断地假想自己回答问题时将要出现何种表现；你不仅仅在意自己回答问题时的表现，心里也在不断地与别人做对比……

亲爱的小芳,你看到了自己心中的压力了吗?这么多"在意"像是一块又一块的石头压在你的心上,也像是一股又一股力量,旋紧你的心弦,正是这些在意让你一回答问题就脸红。在你心目中,其他同学回答问题时都很轻松。在这里我想告诉你的是,这是你的一种错觉。其实,每个同学站起来回答问题时,都一定有紧张感。

首先,这是由你们这个年龄段的特点决定的。处于青春期的青少年对别人的看法、别人的评价,都会比较在意,而学习又是我们很重要的价值支柱,老师和同学又是我们身边很重要的人,这些都导致每个人在回答问题时,很在意自己的形象。哪怕有些同学,看上去不那么在意所回答的问题,但内心中,也是想将这种不在意展现给别人,进而渴望在别人心目中形成自己所期望的印象。这是青春期特有的心理,从这点来看,每个人在回答问题时,都或多或少有些紧张呢!

其次,一个人只有在压力适度的情况下,才能展现出最佳的水平,压力过小或者过大,都不适宜最佳水平的调动和发挥。所以,当老师提问的时候,大家都需要调动内心资源,来应对问题,这势必会造成一定的紧张感。只不过,由于你内心当中更多的"在意",让你的紧张程度比其他同学略高而已。

那么,该如何调整自己略高的紧张呢?

第一,认识到紧张是正常的——每个人都会紧张;每个人都需要一定的紧张才能调动出最佳的能力水平。所以，你没有必要去验证自己紧张不紧张，脸红不红，告诉自己，出现这种反应，就是因为自己平时锻炼得太少了。那些回答问题从容的同学，一方面，是因为他们对所回答的问题准备得比较充分，另一方面，与他们经常回答问题也有很大的关系。建议你在回答问题前，要做充足的准备，可以把想好的问题，简单地在纸上列个提纲，这样回答起来就不至于因为紧张而忘记了，成功的体验会增加你的信心。

第二，可以理智分析一下，如何回答问题会降低紧张感？一些有效的方法会很好地帮助到你。比如，当听到老师提问后，先进行思考，并将答案的关键词记录下来，站起来回答的时候，心里就更有底，更从容；课后，可以多与同学一同讨论问题，甚至通过邀请别的同学向自己提问，来模拟课堂回答问题的场景，练习多了，课上自然就更胸有成竹；你也可以在课后求助老师，让老师给予指导，相信，每位老师都希望能帮到自己的学生，老师的支持一定会成为你的力量。

第三，每个人的一生不可能只做正确的事，正是在各种错误中，我们得以成长和提高。课堂上的问题亦是如此，我们不可能每个问题都回答得百分百正确，正是因为有错误，我们才能查漏补缺，才能不断地巩固知识。所以，我们在课堂上，不是要表现出百分百的正确，而是要有勇气展示自己的疑问，有勇气面对自己的错误，如此，我们才能不断地让自己的知识水平上一个台阶。其实，老师提问，一方面是检验大家掌握知识的程度;另一方面是从大家的回答中,去引出问题所在,以帮助大家更深入更清晰地掌握知识。所以,从这个角度来讲,回答问题的同学,即便是回答错了,对班上的其他同学,依然是很有意义的,因为他的回答引发了更深入的思考。当你看到错误的意义,也就不那么抗拒错误了,心态也就随之放松了,自然不会过分紧张了。

好了,说了这么多,想必你的心里已经放松不少了吧!给自己一些时间,相信你对待老师的提问会越来越从容的。

李玲

**放松地回答老师的问题**

做足准备:对于老师提前布置的问题,可以充分地做好准备,回答的时候,会更加有的放矢。

及时整理思路:对于老师临时提问的问题,可以用笔简单地整理思 路,写出答案的要点和关键词,回答起来会更从容。

把错误当作学习的机会:自己回答错了也很正常,接下来听一听对的答案或者老师的讲解,才更有收获。

# 与不喜欢的功课快乐牵手

## 壹 不喜欢英语 丽丽

丽丽从小就不喜欢学英语。这种不喜欢可能是来自一次不愉快的体验：那时候丽丽还在上小学，老师布置了背诵英语课文的作业，丽丽没有背会，为此，小丽被惩罚抄十遍英语课文。那天正好是丽丽的生日。丽丽一个人在班里抄写课文，抄完后天色已经大黑，回到家却发现爸爸妈妈忘记了自己的生日，没有想象中的生日蛋糕，也没有期望的生日礼物。丽丽很伤心，觉得这一切都是英语带来的。从此丽丽就不喜欢学英语了。上英语课时会开小差，有时候也会偷偷做其他科目的作业，这导致她的英语成绩越来越差。

理智上丽丽也知道，必须要培养起对英语的感情，要不然中考怎么办呢？为此，她真是没少犯愁呢！

### 贰 讨厌数学 晓敏

晓敏不喜欢学数学，因此在上数学课时，她总是不专心，有时候还会影响到其他同学。老师为此没少批评她，这导致晓敏更不喜欢学数学了。而且，晓敏听说，数学一旦落下，就很难赶上去，这让她更加没有信心了。

这个假期，妈妈给晓敏请了家教老师，但是晓敏也没有用心补习。现在，晓敏每次考试数学成绩都不及格，这让她很受挫。不知道如何是好。

### 心理点评

"我不喜欢学语文""我不喜欢学数学"，很多同学都有过对某个学科不感兴趣的体验。

心理学上有个"沉锚效应"，即指人们在对某人某事做出判断时，易受第一印象或第一信息支配，就像沉入海底的锚一样把人们的思想固定在某处。比如，如果我们从一开始就认为自己不适合、不喜欢某个学科，进而不想学这个学科，接下来，我们会沿着这个定论，去选择可以证明这一定论的信息，同时，也会采用相应的行为去进一步证明这个定论。在这个循环中，本来可以学好这个学科的能力和素质常常被忽略，更谈不上去挖掘，因为"我不喜欢""我不适合"的理由已经如同一叶屏障,固执地遮住了我们的视线。能跳出屏障的人,无疑是智慧的,是善于自省的。

## 心理支招 与不喜欢的学科快乐牵手的法则

交几个学科好朋友:如果你不喜欢某个学科,可以试着与喜欢这一学科的同学做朋友。很多时候,我们喜欢一件事物,往往并不是因为这件事情本身,而是和它相关的人与事。比如说,你恰巧和这位朋友很合得来,也许在他/她的带动下,你就会对相关学科产生新的感觉。这将带动你学好这一学科。

修炼延迟满足:不少人在做功课的时候,会将不喜欢的功课放到最后。结果越拖延,越不想去做,就越讨厌这门功课。要想对不喜欢的功课产生感情,就一定要做到延迟满足。最好的办法就是将这一科目的作业,安排在前边去完成,在完成任务后,就可以尽情地享受放松的心情。这就是延迟满足。渐渐地,你会将"好心情"与"完成某科作业"建立起联系,对学科的喜爱之情也就油然而生了。

为这一学科注入新鲜刺激:比如说,用喜欢的本子去记这一学科的笔记,在做这科作业之前,先跟自己许个愿:完成之后奖励自己什么;也可以对自己说"可爱的某某作业,我就要和你约会了"……这些改变,都会带给心灵新鲜刺激感,有效避免心理疲劳。

写成长日记:每天记录一点点学习相关科目的好感受,是督促自己不断爱上这个科目的好方法,渐渐地,你对这门功课的兴趣将和自信心一同得到增长。

# 我学习不敢太努力！

### "这年头儿还有这么认真的人"

最近一次考试，原本成绩不错的苗欣欣成绩下滑得很厉害。苗欣欣的妈妈为此忧心忡忡，带着女儿走进了心理咨询室。在初次咨询中，排除了与老师有矛盾、早恋等妈妈最初担心的问题。第二次咨询，是一个周六的早晨。苗欣欣一走进咨询室，就看到了桌子上的两本书和一本笔记本。

"呀！笔记做得这么认真啊！"苗欣欣说。

我笑笑，告诉她这些书和笔记本是另一位老师的，由于最近要考试，只要有点时间，这位老师就要拿出书和笔记来认真复习。

"这年头，还有这么认真的人？真是国宝啊！"苗欣欣的话多少让我有点吃惊,当然,让我最吃惊的是,她语气中的不屑以及夹杂着的讥讽。

我一边将一杯热水放到茶几上,一边问欣欣:"为什么这么说呢?你们班没有这么努力的同学吗?"

"也许有吧,反正我不是啦!"欣欣抿着嘴,做了个很顽皮的表情。

"为什么这么评价自己呢?"我问。

于是,苗欣欣列举了一系列她不努力的"证据":"比如晚上回家吧,我边听音乐边做作业,有时候听着听着就跟着音乐唱起来啦;还有,我挺爱睡觉的,所以呢,我肯定要比别人早睡一个小时;另外我也爱看电视,我总是会假装用喝水啦或是假装拿东西什么的趁机瞄上几眼电视。不瞒您说,热播的电视剧我都知道……"苗欣欣的脸上一副得意的神色。

虽然我们并不鼓励死读书,也不鼓励只读书,但是,要想有个好成绩,在学习时,能做到心无旁骛还是很重要的。但是从苗欣欣的描述来看,她在学习时的态度很不专注,同时,讲起不专注来,还充满着"炫耀"和"骄傲",这到底是为什么呢?

### 聪明比努力更重要?

我一步步地进行引导,终于,弄清楚了苗欣欣"不专注"的原因,苗欣欣也敞开心扉说出了她心里的真实感受。

"其实,我有时候也觉得很无聊、很虚伪,但是我身边的同学都那样啊，明明用功学习了，但是到了班里，偏偏渲染自己是多么地不用功、多么地散漫，好像都天生是天才似的。"苗欣欣告诉我，不知从什么时候起，周围的朋友们都变成这个样子了，以前，苗欣欣是个学习很用功的女孩子，但是，渐渐地，她感觉到了来自同学的"讥讽"，比如说，苗欣欣成绩好，朋友们就都会说："你看欣欣学习多努力啊，不到十二点绝不睡觉呢！"再比如，欣欣放学后，在教室里做作业，几个好朋友就围过来："又在用功了！我们先走了啊，可不能打扰你。"

"所以，我就悄悄地想，我偷偷努力好了，不让他们看到。于是，我再也不告诉别人，我晚上写作业到几点，也不告诉他们我是如何预习复习的。其实我知道，大家都是这样不讲真话的。比如，坐在我前面的同学说，她回家连书包都没打开。可是，她的作业又是怎么做完的呢？大家明明知道这是谎话，可好像就相信这个。可是……渐渐地，我真的觉得骗别人的谎言，倒是在自己身上实现了，我发觉我越来越不认真了。而且，有时候为了不让她们嘲笑，我在班里也不敢表现得很努力，结果，课程真的就落下了。"苗欣欣懊丧地摊摊双手说。

"那你觉得同学们为什么要掩饰努力学习的真相呢？"我问苗欣欣。

"显示自己聪明呗！"苗欣欣不假思索地回答。

"为什么大家那么爱显示自己的聪明呢？"

"这个……我也不清楚，聪明总比笨好吧！"

我告诉苗欣欣,处于青春期的少男少女很在意别人的评价,他们很希望被赏识,被佩服。而究竟通过展现什么样的品质来达到被赏识的目的,其背后,却有着很复杂的原因。很多同学之所以要"不惜代价"地展现聪明来达到被人欣赏、羡慕的目的,很大一部分原因是因为从小到大,大人夸赞孩子,都愿意强调聪明,孩子会慢慢觉得,聪明是被爸爸妈妈喜欢的,也是被别人羡慕的。所以,在很看重别人评价的青春期年龄段里,很多同学希望通过表现聪明来获得认可。

"聪明的确是挺让人羡慕的,但是只有在踏实、努力的基础上,聪明才能发挥作用。否则,聪明就变成肤浅的小聪明了。"我还给苗欣欣列举了几个通过努力达到成功的案例。

苗欣欣听完后,不停地点头,继而不好意思地笑笑说:"的确是您说的这样,比如我吧,还是比较聪明的,但这一不努力,成绩不就下来了吗?"

## 太害怕失败,所以不敢努力

"不过……不过……"苗欣欣又好像有了疑惑,"这么说吧!'我不努力成绩不好'与'我努力了成绩不好'相比较,我觉得前者压力小一些,至少我能给自己一个理由,但如果努力了却考不好,我就觉得特别没面子。"

对于苗欣欣能这么清晰地认识并表达自己内心的想法,我给予了表扬。要知道,那些能不断反省自我并自我成长的人，最重要的一个特质就是能清楚地认识内心的真实反映。

我告诉苗欣欣，她的这种心理实际上是太害怕失败所致。因为，她在成绩上寄托了太多的意义：不仅仅是证明自己的努力成果，更是赢得同学认可、获得羡慕的手段，所以，她很害怕失败，失败意味着失去一切。而她表现出不努力的样子，至少能给自己留一条退路，"我现在失败了，是因为没努力，如果我努力了，我就会成功"。殊不知，学习是一个需要不断深入的过程，好的成绩是多种因素起作用的结果，比如，学习习惯、学习方法、努力程度。而散漫的学习习惯一旦形成，就很难改变，到时候，即便是想努力学习，恐怕也很难克服已经形成的懒散习惯了。更重要的是，成绩仅凭聪明而不凭努力的错误观念，影响的不仅仅是现在的学业，也会影响到将来的事业发展。因此，还是要尽早矫正为好。

苗欣欣认真地听着，还拿出小本子记了下来，我赞扬了她的认真态度。苗欣欣的确是个悟性很高的女孩子，她说："我现在算是明白了，都是因为我的虚荣心太强了。其实说到底，成绩应该是检验自己努力的方式，而不应该是向别人炫耀的资本。"

对于她精辟的总结，我表示赞同。

苗欣欣当即表示，从当天起，就要找回那个曾经努力学习的自己。说着，她很开心地笑了，当成绩变得纯粹而简单时，我相信，苗欣欣的心里也多了一份轻松！

**心理点评**

处于青春期的我们,很注重同伴关系,也将同伴的评价看得很重。但是,不去判断,一味地随大流,以此来获得别人认同的行为,却是愚蠢的。能坚持正确的行为,并积极地影响周围的人,这才是真正有魅力的个性特征。

我与苗欣欣一起制订了几条突破"虚伪"的实用技巧。

淡然地面对"讥讽":当同学讥讽自己的努力时,不妨淡然一笑,或者幽默一下。然后,坚持自己的努力。要知道,当一个"定盘星"远比"墙头草"让人佩服。

袒露自己的心声:苗欣欣的困惑或许代表了很多同学的困惑,大家不是不想努力,而是对努力都有着某一方面的误区。如果苗欣欣能够在一种轻松愉快的氛围下,与大家一起探讨这个问题,或许会帮助很多同学打开心结。

制订合理的计划:为了尽快启动"努力"计划,可以来制订一份合理的学习计划。如果几个好朋友能互相督促去完成计划的话,那就可以很好地告别"虚伪"了。

# 如何拯救自制力？

生活镜头

很多时候，我们的大脑总不能很好地听我们的指挥，比如本来准备做作业，结果，一上网就把作业的事忘得一干二净；本来打算八点背单词，结果好朋友的一个电话粥却煲到深更半夜……在自制力面前，我们经常不能很好地充当主人翁的角色。我们究竟该做些什么，才能让自制力乖乖听话？

### 壹 管住自己的嘴　刘茜茜

真怀念过去的那张脸，细腻、光洁、雪白无瑕，那时候，有多少女生羡慕我啊！可是，从去年开始，那些可恶的小痘痘就像雨后春笋般在我的脸上蔓延，先是额头，再到脸颊，直到下巴，真是让我烦恼不堪。

妈妈带我去医院看了医生，医生给开了些药，嘱咐我饮食要清淡，尤其不要再吃辛辣食物。呜呜！这简直是夺人所爱嘛，要知道，我是个吃米饭都爱拌辣椒酱的女孩子啊！刚开始的那段日子，我还坚持得不错。可是接下来，我就管不住自己的嘴巴了，时不时地"破戒"，并在心里对自己说："吃一点点，只吃一点点，没关系的！"

可是昨天，我却犯了一个超级大错误——姑妈请我们全家吃饭，席间点了我最爱吃的水煮鱼，那一盆麻香的水煮鱼，几乎被我一个人解决掉了。吃的时候是痛快了，可吃完了我就后悔了，我的脸上火辣辣的，今天早上一照镜子，我简直要晕倒了，我的脸上，又多了好些小痘痘，那些可恨的家伙，正煞气腾腾地向我示威呢！

唉！我究竟要怎样才能管得住我的馋嘴巴呢？

## 心里画外音

生活中，的确有很多东西让我们欲罢不能，比如美食，有时候明知道某种食物对身体不好，但我们就是欲罢不能。这个世界上，为馋嘴巴而苦恼的人，绝对不在少数。不过，要想真正地管住自己的馋嘴巴，就必须和自己来点心理战术了。

## 心理支招

增加烦琐程序：第一步，洗手；第二步，深呼吸；第三步，离开饭桌绕两圈……在面对麻辣诱惑的时候，先完成一系列烦琐的程序，并在完成每个程序的时候，想一下吃辣的后果。经过这样的延缓，内心的理智将被唤醒，就不会轻易被麻辣诱惑俘虏了。

强化积极行为：如果你成功抵制了一次诱惑，千万别忘了给自己个奖赏。奖赏的方式可以多样化，可以送给自己个心爱的礼物，也可以给自己放个假。总之，你需要用某种方式告诉自己，你做了一件很了不起的事。

展现未来：想象一下你坚持抗拒诱惑将会带来的好结果，并尽可能形象地把它们表达出来。比如，想象你的皮肤越来越好，想象大家都向你投来羡慕的目光。这些胜利的果实，虽然暂时只是脑海中的想象，但它带给你的鼓励却是巨大的。

### 贰 按时完成作业　杭晓宁

开家长会时，老师对我爸爸说："杭晓宁这孩子很聪明，但就是粗心大意！"就为这一句话，我爸开始使出浑身解数培养我的细心品质，不过，老爸的高招最终都以失败告终，无奈之下老爸长叹一口气说："唉！这孩子，随我了！"

其实，对于我粗心的毛病，我自己心里倒是明白得很，这完全是因为我不能按时完成作业造成的。每到周末或者假期，我总在心里信誓旦旦地对自己说，一定要先把作业完成了再尽情地玩。可是每一次，我都管不住自己，一玩起来，就刹不住车，作业也就被抛到九霄云外了。等到想起来的时候，又对自己说："明天再写吧！"就这样，一拖再拖，拖到快开学的时候，我的心情也就上了火焰山，开始急匆匆加班突击，这种情况下，作业不出错才怪呢！每次看着老师批改的大红叉，我心里都很难受，心想，下次放假，我一定要先完成作业，可真的放假了，我还是做不到。我该怎么办呢？

### 心里画外音

找到问题是解决问题的第一步。杭晓宁能认识到自己粗心的原因，是非常可贵的。比起打球、旅游、上网等假期生活来，作业这种东西显得有些单调，于是，很多同学倾向于去先享受快乐，再去完成作业。不过，心理学家通过一个有趣的糖果实验发现，那些能为赢得更多糖果而暂时忍住不吃少量糖果的孩子，将来长大后更容易取得事业上的成功。因此，我们每个人都要有意识地去修炼"延迟满足"的能力，也就是能把更多的快乐和享受放到任务之后去进行。

**心理支招**

设定小期限：把功课进行"切割"，分成几个任务阶段，并分别设定完成每个任务的期限，然后按步骤去完成。这样一来，如果第一个阶段的任务在设定的时间里没有完成，就会产生相应的焦虑感，进而能提醒自己接下来需要抓紧时间，可以有效避免将所有任务拖到最后去完成。

合理计划：提前规划每天的内容，并将内容分级，比如将完成功课定为一级任务，将看课外书定为二级任务，将上网打游戏定为三级任务……然后，在最早的时间里去完成一级任务，如果一级任务完不成，则以剥夺最后面的任务的时间作为惩罚，相反，如果很好地完成了一级任务，则可以适当延长后面任务的时间。经过一段时间的巩固，就很容易形成习惯了。

### 叁 早点起床　郑菲菲

"菲菲，初三了，这可是最关键的一年！""考上了重点高中，就等于一只脚迈进了重点大学！"刚上初三，家里的亲朋好友便争先恐后地给我上发条。其实，我自己心里也清楚这一年多么关键，我在心里暗暗下决心，这一年要好好努力。

可我总改不了赖床的习惯，虽然我也想像其他同学那样，早点起床背单词，可每次都坚持不了几天就打退堂鼓了。尤其到了周六日，我一觉能睡到十点多，爸妈皱着眉头看着我，说我怎么也不像个初三的学生。还有周一早晨，我起床也非常困难，常常是踏着上课铃声进教室，心里急叨叨的，整个上午心情都不好。

我也很为自己不能早点起床而懊恼，可我到底该怎么办呢？

## 心里画外音

对于摆在床头柜上的小闹钟我们很熟悉，其实，除了这只小闹钟，我们每个人还拥有另外一个小闹钟，这个小闹钟不在别的地方，而是在我们的身体里，指挥着我们身体的生物节律，它就是"生物钟"。如果我们想改变生活规律，不仅仅要心中有意愿，同时也要考虑生物钟的感受。比如说，很多没有早起习惯的同学，如果突然执行早起计划，通常是坚持不了几天的，因为你的生物钟还没有接受这种改变。恰当的做法，应该是学会循序渐进。

## 心理支招

按时睡觉才能按时起床：青春期是精力旺盛的年纪，但无论精力多旺盛，充足的睡眠还是需要保证的。如果你希望自己能早点起床，那最好的办法就是要早点睡觉，只有睡眠充足了，早起才不成问题。否则，就算形式上完成了早起的计划，也达不到早起的目的。想想看，如果因为睡眠不足整天昏昏沉沉，那岂不是得不偿失？

每天早起一点点：假如你一直没有早起的习惯，突然一下提早很多起床,身体是受不了的。正确的做法是制订一个循序渐进的起床时间计划,比如第一天七点起来,下次六点四十五分,然后六点半……一点点把时间往前调,一个星期左右,就能慢慢适应早起了。

让小闹钟离自己远一些:关掉闹钟又埋头大睡的经历很多同学都有过,是的,睡眠的诱惑力常常在半睡半醒间将你的意志力打败。比较好的办法是将闹钟放得离枕头远一些,而且最好选择那种不关掉就会一直响下去的闹钟。这样一来,你就必须起身下床去关闹钟,这个过程虽然烦琐,但经过这么一折腾,你的意志力也就苏醒了,睡意也被折腾走很多,起床就变得容易了。